suhrkamp taschenbuch 998

Stanisław Lem, geboren am 12. 9. 1921 in Lwów, lebt heute in Kraków. Er studierte Medizin und war nach dem Staatsexamen als Assistent für Probleme der angewandten Psychologie tätig. Privat beschäftigte er sich mit Problemen der Kybernetik, der Mathematik und übersetzte wissenschaftliche Publikationen. 1955 wurde Lem mit dem Goldenen Verdienstkreuz, 1959 mit dem Offizierskreuz der *Polonia Restituta* ausgezeichnet und erhielt 1976 den Großen Staatspreis für Literatur der VRP. Er ist Gründer der polnischen astronautischen Gesellschaft. Seit 1973 liest Lem als Dozent am Lehrstuhl für polnische Literatur an der Universität Kraków. Wichtige Veröffentlichungen: *Solaris* (1972), *Die vollkommene Leere* (1973), *Sterntagebücher* (1973), *Robotermärchen* (1973), *Das Hohe Schloß* (1974), *Summa technologiae* (1976), *Imaginäre Größe* (1976), *Der Schnupfen* (1977), *Phantastik und Futurologie I und II* (1977/78), *Die Stimme des Herrn* (1981), *Provokation* (1981), *Kyberiade* (1983).
Stanisław Lem, mit der Zukunft schon immer auf vertrautem Fuß, ist aus dem 21. Jahrhundert ein Buch zugekommen, das das völlige Umdenken in der Militärstrategie der Zukunft erkennen läßt. Die Folge ist die Entwicklung einfacher und billiger Waffen in großer Zahl, künstlicher Organismen und »Synsekten«, die vom Instinkt geleitet werden und sich den alten Waffensystemen, so schrecklich diese waren, als ungeheuer überlegen erweisen. Es beginnt die Herrschaft des Computers, mikrominiaturisierter, kaum verwundbarer Systeme, das »Computerium« ist Wirklichkeit geworden.

# Stanisław Lem
# Waffensysteme des 21. Jahrhunderts

oder

The Upside Down Evolution
(Die verkehrte Evolution)

Aus Lems Bibliothek des 21. Jahrhunderts

Phantastische Bibliothek Band 124

Suhrkamp

Redaktion und Beratung: Franz Rottensteiner
Titel des Originals: *Weapon Systems of the 21st Century or The Upside Down Evolution*
Aus dem Polnischen von Edda Werfel
Umschlagzeichnung Helmut Wenske

suhrkamp taschenbuch 998
Erste Auflage 1983

Satz: LibroSatz, Kriftel
Druck: Ebner Ulm · Printed in Germany
Umschlag nach Entwürfen von
Willy Fleckhaus und Rolf Staudt

2 3 4 5 6 – 88 87 86

# Waffensysteme des 21. Jahrhunderts
# oder
# The Upside Down Evolution
# (Die verkehrte Evolution)

# I

Nachdem ich – auf einem Wege, den ich nicht verraten darf – Zutritt zu Werken erhalten hatte, die die Militärgeschichte des 21. Jahrhunderts zum Thema haben, überlegte ich als erstes, wie ich die auf solche Weise erworbenen Informationen geheimhalten sollte. Das Problem ihrer Geheimhaltung war für mich das wichtigste, wußte ich doch, daß derjenige, der diese Geschichte kennt, wie der wehrlose Entdecker eines Schatzes ist und diesen, zusammen mit dem eigenen Leben, leicht verlieren kann. Ich wußte, daß nur ich allein jene Fakten aus den Büchern kenne, die mir Doktor R. G. für kurze Zeit zugänglich gemacht hatte und die ich ihm knapp vor seinem frühzeitigen Tod zurückgab. Soviel ich weiß, hat er sie verbrannt und so das Geheimnis mit ins Grab genommen.

Der einfachste Ausweg schien mir, darüber zu schweigen. Durch Schweigen konnte ich meine Haut retten. Doch mir tat es leid um die Unzahl so einzigartiger Informationen, die mit der politischen Geschichte des nachfolgenden Jahrhunderts zusammenhingen und ganz neue Horizonte auf allen Gebieten des menschlichen Lebens eröffneten. Wie – zum Beispiel – allein die erstaunliche, von niemandem vorausgesehene Wende im Bereich der künstlichen Intelligenz (AI – Artificial Intelligence), die gerade dadurch Weltmacht erlangte, daß sie *nicht* zu einer Intelligenz im Sinne des einer Maschine einverleibten Verstandes wurde. Der eigenen Sicherheit wegen zu schweigen bedeutete, mich aller Vorteile zu begeben, die aus diesem Wissen erwuchsen.

Als nächstes drängte sich der Gedanke auf, ein ausführliches Gedächtnisprotokoll vom Inhalt jener Bücher niederzuschreiben und das Manuskript in einem Banktresor zu hinterlegen. Es galt, unbedingt alles aufzuschreiben, was ich von der Lektüre im Gedächtnis behalten hatte, denn mit der Zeit hätte ich viele Daten dieses weitgespannten Themas vergessen. Wollte ich zu diesen Fakten gelangen, dann brauchte ich nur den

Banktresor aufzusuchen, am Ort Notizen zu machen und das Manuskript in das gepanzerte Schließfach zurückzulegen. Das war jedoch gefährlich. Erstens konnte mich jemand dabei beobachten. Zweitens gibt es in der heutigen Welt keine Banktresore und Schließfächer, die hundertprozentig einbruchsicher wären. Selbst ein nicht besonders intelligenter Dieb würde früher oder später darauf kommen, was er für ein ungewöhnliches Dokument erbeutet hat. Selbst wenn er mein Manuskript wegwerfen und vernichten würde, hätte ich davon keine Kenntnis und würde in der ständigen Angst leben, daß die Verbindung meiner Person mit der Geschichte des 21. Jahrhunderts bekannt wird.

Mein Dilemma sah also folgendermaßen aus: das Geheimnis für alle Zeiten zu bewahren und zugleich ungehindert aus ihm Nutzen zu ziehen. Es vor der ganzen Welt zu verbergen, doch nicht vor mir selbst. Nach langen Überlegungen kam ich zu der Erkenntnis, daß dies ganz einfach zu bewerkstelligen war. Die sicherste Art, die ungewöhnliche Idee, in jedem Wort und jedem

Zoll wahr, bestand darin, sie als *Science-fiction* zu publizieren. Wie der Brillant, auf einen Haufen von zerbrochenem Glas geworfen, unerkannt bleibt, so wird die authentische Enthüllung, zwischen die Ungereimtheiten der *Science-fiction* geschoben, diesen ähnlich und hört damit auf, gefährlich zu sein.

Da ich mich aber nicht aller Befürchtungen entledigen konnte, machte ich fürs erste von dem mir gehörenden Geheimnis sehr bescheidenen Gebrauch im Jahre 1967, als ich den phantastischen Roman »Die Stimme des Herrn« schrieb (Insel Verlag und Verlag Volk und Welt, »His Master's Voice« bei Harcourt Brace Jovanovich). Auf Seite 125 sind in der dritten Zeile von oben die Worte zu lesen »... the ruling doctrine was the ›indirect economic attrition‹« (... Die herrschende Doktrin war die indirekte ökonomische Zermürbung), und dann wird diese Doktrin in den Aphorismus »The thin starves before the fat loses weight« gefaßt. In der deutschen Ausgabe heißt es: »Bevor der Dicke mager wird, ist der Magere krepiert.«

Diese Doktrin in den USA nach 1980, also

dreizehn Jahre nach Erscheinen der ersten Ausgabe von »Die Stimme des Herrn«, offen dargelegt, ergab einen etwas anderen Wortlaut (in der Presse der Bundesrepublik Deutschland z. B. hieß die Kurzformel »den Gegner totrüsten«). Als ich feststellte – und seit dem Erscheinen des Buches war immerhin ausreichend Zeit dafür –, daß tatsächlich niemand die Übereinstimmung meiner Phantasterei mit dem späteren politischen Sachverhalt bemerkt hatte, wurde ich übermütig. Ich sah ein, daß das Einschmuggeln der Wahrheit in ein Märchen eine außerordentlich wirkungsvolle Anwendung von Tarnfarben in der Literatur ist, und sogar *das* kann man dann ruhig eingestehen. Man kann sagen, daß man die Wahrheit bewußt tarnt, denn ohnehin wird sie doch niemand ernst nehmen. Es gibt also keine bessere Methode, höchst geheime Information zu verbergen, als sie in einer Massenauflage zu publizieren.

Indem ich mit der oben geschilderten Enthüllung das Geheimnis abgesichert habe, kann ich jetzt ruhig darangehen, es nun ausführlicher darzulegen. Ich beschränke mich damit auf die zu Beginn des 22. Jahrhunderts erschienene dreibändige Ausgabe von »Weapon Systems of the Twentyfirst Century or The Upside Down Evolution«. Ich könnte sogar ihre Autoren nennen (von denen noch keiner auf die Welt gekommen ist), doch das ist wohl kaum der Mühe wert. Das Werk »Die Waffensysteme des 21. Jahrhunderts oder Die verkehrte Evolution« besteht aus drei Bänden. Der erste Band zeigt die Entwicklung der Waffen seit 1944, der zweite schildert, wie die Eskalation der Atomwaffen den Trend zur *Ausschaltung des Menschen* im Krieg durch Übertragung der Waffen*produktion* aus der Rüstungsindustrie auf die Schauplätze der militärischen Operationen herbeiführte, und der dritte Band wiederum erklärt, welchen Einfluß diese größte militärische Umwälzung auf die weitere Weltgeschichte ausübte.

## II

Bald nach der atomaren Zerstörung von Hiroshima und Nagasaki gründeten amerikanische Gelehrte die Monatsschrift »*Bulletin of the Atomic Scientist*«, und auf dem Umschlag reproduzierten sie die Fotografie einer Uhr, auf der die Zeiger auf zehn Minuten vor zwölf standen. Sechs Jahre später, nach den ersten gelungenen Tests mit der Wasserstoffbombe, war der Minutenzeiger um fünf Minuten vorgerückt, und als auch die UdSSR die thermonukleare Waffe in Besitz hatte, war der große Zeiger um drei Minuten der Stunde Zwölf näher gekommen. Sein nächstes Vorrücken sollte das Ende der Zivilisation bedeuten, der vom Bulletin angekündigten Doktrin entsprechend: »ONE WORLD OR NONE«. Die Welt sollte ihr zufolge durch Vereinigung gerettet werden oder unweigerlich zugrunde gehen.

Keiner der als Väter der Bombe bezeichneten Wissenschaftler war der Meinung, daß trotz des Anwachsens des Kernwaffenarsenals auf beiden Seiten des Ozeans und trotz der Unterbringung größerer Ladungen von Plutonium und Tritium in zunehmend zielgenaueren ballistischen Raketen der Friede – von lokalen konventionellen Kriegen unterbrochen – bis Ende des Jahrhunderts anhalten würde. Die Atomwaffe hat die bekannte Clausewitzsche Definition (der Krieg ist nichts anderes als die Fortsetzung der Politik mit anderen Mitteln) insofern korrigiert, als der Angriff durch die Angriffsdrohung ersetzt wurde. So kam die Doktrin von der symmetrischen Abschreckung auf, später in Kurzform Gleichgewicht des Schreckens genannt. Diese Doktrin propagierten die verschiedenen amerikanischen Regierungen unter diversen Initialwörtern. Zum Beispiel unter MAD (*Mutual Assurance Destruction* – Garantierte gegenseitige Vernichtung), deren Prämisse die sogenannte *Second Strike Capability* war (die Fähigkeit der zuerst angegriffenen Macht, der anderen Seite einen Vergeltungsschlag zu versetzen). Das Vernichtungsvokabular wurde im Verlauf der Jahrzehnte an neuen

Schlagworten reicher. Es nahm Begriffe auf wie »All Out Strategic Exchange«, was heißen soll: unbegrenzter Austausch von Atomschlägen, wie ICM (Improved Capability Missile, das heißt verbesserte Raketenleistung), wie MIRV (Multiple Independently Targeted Reentry Vehicle – ein Geschoß, das zur gleichen Zeit eine größere Anzahl von Sprengköpfen auswirft, von denen jeder auf ein anderes Ziel gerichtet ist), wie PENAID (Penetration Aids) – d. h. »Köder« in Form von Geschoßattrappen oder Sprengköpfen, die die gegnerischen Radar-Fallen blind machen, wie WALOPT *(Weapons Allocation and Desired Ground-Zero Optimizer)* und MARV (*Manœuvrable Reentry Vehicle*, das sind Geschosse, die in der Lage sind, die Abwehrraketen der Verteidigung aktiv zu umgehen und das Zielobjekt mit einer Genauigkeit bis zu 20 Meter vom vorprogrammierten Nullpunkt entfernt zu treffen) und ähnliches mehr.

Zu den Schlüsselbegriffen gehörte die *Zeit*, die zur Erkennung eines Raketenangriffs notwendig ist, verbunden mit der *Erkennungs*fähigkeit eines derartig begonnenen Angriffs; doch ich vermag hier nicht einmal ein Hundertstel der ganzen Serie sukzessiv entstandener Fachausdrücke und ihre Bedeutung anzuführen.

Obwohl die Gefahr eines Atomkrieges *wuchs*, als das Gleichgewicht der Kräfte sich verschlechterte, und die vernunftgemäß sozusagen im Interesse der Antagonisten liegende Sache eben die präzise *Aufrechterhaltung* dieses gesicherten Gleichgewichts unter multinationaler Kontrolle zu sein schien, kam es trotz wiederholt geführter Verhandlungen nicht dazu.

Gründe dafür gab es eine Menge. Die Autoren der »Waffensysteme ...« teilen diese Gründe in zwei Gruppen ein. In der einen sehen sie den Druck des traditionellen Denkens in der internationalen Politik. Diese Tradition besagte, daß man den Frieden propagieren und sich auf den Krieg vorbereiten, also das bestehende Gleichgewicht bis zur Erringung der Überlegenheit verletzen soll. Die zweite Gruppe bildeten vom politischen wie vom unpolitischen menschlichen *Denken* unabhängige Faktoren in Gestalt der Entwicklungstrends in den wichtigsten militärisch anwendbaren Technologien.

Jede auftauchende Möglichkeit der technischen Vervollkommnung von Waffen wurde mit dem Argument realisiert, »wenn wir es nicht machen, werden es die anderen tun«. Zugleich machte die Doktrin des Nuklearkrieges manchen Wechsel durch. Das eine Mal nahm sie die Form des begrenzten atomaren Schlagabtauschs an (wiewohl niemand wußte, worin eigentlich die *sichere* Garantie ihrer Begrenzung bestehen sollte), ein anderes Mal setzte sie sich die *totale* Vernichtung ihres Gegners zum Ziel (und dabei machte sie dessen ganze Bevölkerung gleichsam zu »Geiseln«), und wieder ein anderes Mal sah sie in erster Linie die Vernichtung des gegnerischen industriell-militärischen Potentials vor.

Die uralte Regel der Entwicklung von Militärwaffen, die sich auf das Prinzip von »Schwert und Schild« gründet, wurde immer noch befolgt. Den »Schild« stellte die zunehmende Steigerung der *Härtung* der Silos für ballistische Raketen dar, und das »Schwert«, das auch diesen Schild durchbohren sollte, war die zunehmende Genauigkeit der Geschosse, später dann – zusätzlich – die eigene Manövrierfähigkeit, selbständig die Ziele anpeilen zu können. Der »Schild« war für die Atom-U-Boote das Meer, und das »Schwert« war die Verbesserung der Methoden zur Auffindung dieser U-Boote in der Meerestiefe.

Der technische Fortschritt in der Abwehr führte den elektronischen »Spion« auf die Erdumlaufbahn und schuf einen hohen Plafond von globaler, weitreichender Aufklärung, imstande, Raketen bereits bei ihrem Start auszumachen, und das war wiederum ein »Schild«, der von einem neuen Typus von »Schwert« in Gestalt von Satelliten (sogenannten »Killern«) durchschlagen werden sollte, sei es durch Blendung der Abwehr-»Spione« mit Hilfe von Laser, sei es sogar durch die direkte Vernichtung der Atomraketen mit blitzschneller Entladung der Laserstrahlen von ungeheurer Kraft im außeratmosphärischen Weltraum während des Flugs.

Doch Hunderte Milliarden, in immer höher reichende Stufen des Konflikts investiert, vermochten nicht die endgültig sichere und daher kostbare strategische Überlegenheit zu bringen – und dies aus zwei weitgehend unterschiedlichen, voneinander fast unabhängigen Gründen.

*Erstens* verringerten alle diese Verbesserungen und Innovationen die strategische Sicherheit sowohl in bezug auf den Angriff wie auf die Verteidigung, anstatt sie zu vergrößern. Sie verminderten diese Sicherheit deshalb, weil das Gesamtsystem jeder Supermacht immer komplizierter wurde, da es sich aus einer immer größer werdenden Zahl verschiedener Subsysteme auf dem Festland, im Meer, in der Luft und im Weltraum zusammensetzte. Ihre militärische Wirksamkeit hing von der Zuverlässigkeit ihrer Nachrichtenverbindung ab, die die optimale Synchronisierung der Vernichtungsaktivitäten garantierte. Nun ist für alle Systeme, die sich durch hohe Komplexität auszeichnen, ob es sich um industrielle oder militärische, um biologische oder technische, um Information oder Materie verarbeitende Systeme handelt, die *Unzuverlässigkeit* charakteristisch, mathematisch proportional zur Quantität der Elemente, aus denen sich das

System zusammensetzt. Der technisch-militärische Fortschritt brachte ein spezifisches Paradoxon mit sich: Je vollkommenere Waffenarten er hervorbrachte, eine um so größere Rolle spielte in ihrer effektiven Anwendung der *Zufall*, der sich nicht exakt berechnen läßt.

Dieses Hauptproblem muß ausführlich erklärt werden, denn lange Zeit brachten es die Wissenschaftler nicht zustande, die Abhängigkeit komplizierter Systeme vom *Los* – zur *Basis* jeglicher technischen Praxis zu machen. Um den Pannen solcher Systeme entgegenzuwirken, führten die Ingenieure Überschüsse an Funktionalität und Widerstandsfähigkeit in diese ein: als Energiereserve zum Beispiel, oder – beim Bau der ersten amerikanischen Raumfähren (wie der Space-shuttle Columbia) – durch Doublieren oder sogar *vervierfachte* Anwendung paralleler Vorrichtungen, und eben deshalb hatten die ersten Raumfähren der Amerikaner mindestens vier Hauptcomputer, damit der Ausfall eines einzigen nicht ein katastrophales Scheitern verursachte. Die totale Vermeidung von Pannen ist unerreichbar. Wenn ein System aus Millionen von Elementen zusammengesetzt ist und jedes Element bloß einmal in einer Million aussetzt, wobei die Leistung des Ganzen von der Leistung aller Elemente abhängt, dann tritt *mit Sicherheit* eine Panne im System auf. Die Physis von Tieren und Pflanzen jedweder Art setzt sich aus Billionen Funktionsteilen zusammen, und doch wird das Leben mit dem Phänomen unvermeidlicher Fehlbarkeit fertig. Auf welche Weise? Die Fachleute bezeichnen dies als den Bau von zuverlässigen Systemen aus unzuverlässigen Teilen. Die natürliche Evolution widersetzt sich der Anfälligkeit der Organismen für Pannen mittels zahlreicher Taktiken: mit der Fähigkeit, sich selbst wiederherzustellen oder zu *regenerieren*, mit dem Überschuß an allen Organen (deshalb haben wir zwei Nieren statt einer, deshalb bleibt selbst eine zur Hälfte kaputte Leber weiterhin die leistungsfähige zentrale chemische Verarbeitungsstelle des Organismus, deshalb gibt es im Blutkreislauf so viele Reservebahnen für das Blut in Form von Nebenadern und -arterien) sowie mit der *Dispersion* jener Zentren, die die somatischen und psychischen Prozesse *steuern*. Gerade dieses letztere Phänomen hat den Gehirnforschern soviel Kopfzerbrechen bereitet, die nicht begreifen konnten, wieso selbst das schwer geschädigte Gehirn zu funktionieren vermag, während gering beschädigte Computer den Programmen den Dienst versagen. Die bloße Doublierung von Zentren und Teilen, im Ingenieurswesen des 20. Jahrhunderts angewandt, führte zu Absurditäten in den Konstruktionen: Würde ein automatisches Raumschiff, das zu einem entfernten Planeten gelenkt wird, nach dieser gleichen Direktive der *Vervielfältigung* der das Schiff steuernden Computer gebaut werden, die bei den Raumfähren angewendet wird, dann dürfte es – wegen der langen Flugzeit – nicht vier oder fünf, sondern müßte vielleicht fünfzig solche Computer enthalten, die nicht mehr nach dem Prinzip der »linearen Logik«, sondern der »demokratischen Abstimmung« arbeiten. Wenn nämlich einzelne Computer aufhörten, identisch zu arbeiten, und damit von den berechneten Resultaten abweichen würden, dann müßte man als richtige Resultate der Berechnungen jene ansehen, zu denen die *Mehrheit* gelangt ist. Doch eine solche Art von »ingenieurmäßigem Parlamentarismus« würde zur Produktion von Giganten führen, die mit den gerade für die parlamentarische Demokratie typischen Unzulänglichkeiten belastet sind: zu einander widersprechenden Standpunkten, Projekten, Plänen und Aktivitäten. Der Ingenieur würde den in sein System eingebauten demokratischen Pluralismus *Elastizität* nennen, die jedoch ihre Grenzen haben muß.

Man hätte – so sagten die Fachleute des 21. Jahrhunderts – schon viel früher an den Produkten der biologischen Evolution lernen sollen, denn ihre Milliarden Jahre währende Vitalität ist der Beweis für die Wirksamkeit einer optimalen Ingenieurstrategie. Der lebendige Organismus wird weder vom »totalitären Zentralismus« bestimmt noch vom »demokratischen Pluralismus«, sondern von einer viel komplexeren Strategie, die man nur mit großer Vereinfachung als *Kompromiß* zwischen *Konzentration* und *Dispersion* der Regulierzentren bezeichnen kann.

Indessen wuchs im Wettrüsten der Spätphase des 20. Jahrhunderts die Rolle des unberechenbaren Zufalls im gleichen Maße, als dieser Wettlauf dauerte. Dort, wo die Niederlage vom Sieg durch *Stunden* (oder Tage) und durch *Kilometer* (oder Hunderte Kilometer) getrennt ist, wo also jeder Fehler des Kommandos durch den Einsatz von Reserven, durch ein Umgehungsmanöver oder durch einen Gegenangriff wettgemacht werden kann, läßt sich die Rolle des Zufalls wirksam reduzieren.

Dort aber, wo Mikromillimeter und Nanosekunden die Wirksamkeit der militärischen Operationen bestimmen, taucht, wie ein neuer Kriegsgott, der über Sieg oder Vernichtung entscheidet, der Zufall in Reinkultur auf, gewissermaßen aus den mikroskopischen Ausmaßen der Atomphysik ins Riesige vergrößert und herausgehoben, weil es so ist, daß die schnellsten und vollkommensten Systeme schließlich zur Heisenbergschen Unschärferelation vorstoßen, die durch *nichts jemals* mehr geschlagen werden kann, ist sie doch die Grundeigenschaft der Materie im ganzen Weltall. Es muß sich dabei nicht einmal um irgendwelche Pannen bei Computern von Aufklärungssatelliten handeln oder der mit Laserstrahlen auf die Atomsprengköpfe der Angriffsraketen zielenden Abwehr. Es geht einfach darum, daß, wenn Serien elektronischer Impulse der Abwehr die Serien ähnlicher Impulse im Angriffssystem auch nur um eine Milliardstelsekunde verfehlen, der Ausgang der *letzten Schlacht* durch einen Glücksfaktor (wie in einem *Lotteriespiel*) entschieden wird. Ohne sich über diesen Sachverhalt Rechenschaft abzulegen, haben die großen Gegenspieler des Planeten zwei gegenläufige Strategien entwickelt: Bildlich lassen sie sich als Strategien der *Präzision* und des *Hammers* beschreiben. Der *Hammer* war die ständige Erhöhung der Kernkraftladungen, und die chirurgische *Präzision* war das Streben nach unfehlbarer Auffindung und augenblicklicher Vernichtung solcher Ladungen im Flug. Dem Zufall sollte am Ende die sogenannte »Rache der toten Hand« entgegenstehen: Der Gegner sollte wissen, daß er auch dann zugrunde geht, wenn er siegt, denn selbst der vollständig vernichtete

Staat wird mit einem – automatischen und posthumen – Schlag antworten, der eine ausnahmslos allgemeine Katastrophe bewirkt. Das war zumindest die Haupt*richtung* des Rüstungswettlaufs, als ihre von keinem einzelnen gewollte, jedoch unausweichliche *Resultante*.

Was tut der Ingenieur, um die Folgen eines Zufallsfehlers in einem sehr großen und sehr komplizierten System auf ein Minimum zu beschränken? Er überprüft es viele Male im Experiment und sucht nach schwachen Stellen, die besondere Unzuverlässigkeit aufweisen. Doch das »System«, zu welchem die vom Atomkrieg erfaßte Erde unter Anwendung von Boden-, Untersee- und Luftraketen, Satelliten, Antiraketen, vielfachen Kommando- und Verbindungszentren würde, ein »System«, das durch aufeinanderfolgende Wellen gegenseitig ausgeteilter Atomschläge von der Erde, vom Meer und aus dem Weltraum entstand, dieses gigantische System aller miteinander ringenden destruktiven Kräfte kann man unmöglich »ausprobieren«. Keinerlei Art von Manövern und keinerlei Simulation mit Computern vermögen die tatsächlichen Bedingungen eines solchen globalen Kampfes darzustellen.

Die aufeinanderfolgenden neuen Waffensysteme zeichneten sich durch wachsende operative Schnelligkeit aus, beginnend mit operativen *Entscheidungen* (den Schlag führen oder ihn *nicht* führen, *wo*, *wie*, mit welcher in *Reserve* gehaltener Stärke, mit welchem *Risiko* usw.), und gerade diese wachsende Schnelligkeit brachte den prinzipiell unberechenbaren Zufallsfaktor ebenfalls ins Spiel. Das ließe sich wie folgt formulieren: »Unerhört schnelle Systeme begehen unerhört schnell Fehler«. Dort, wo Bruchteile von Sekunden über die Rettung oder Vernichtung eines großen Gebiets, einer großen städtischen Metropole, eines Industriekomplexes oder einer großen Flotte entscheiden, ist es unmöglich, militärisch-strategische *Gewißheit* zu erzielen, oder anders: Man wird nicht mehr zwischen Sieg und Niederlage unterscheiden können. Mit einem Wort, der Rüstungswettlauf steuerte auf die Situation eines Pyrrhussieges zu.

Auf den alten Schlachtfeldern, wo einst Ritter auf Pferden und in Rüstungen kämpften und das Fußvolk im Nahkampf stand, entschied der Zufall über Leben und Tod des einzelnen oder einer Abteilung. Dahingegen erhob die Kraft der Elektronik, in die Logik der Computer eingebaut, den Zufall in einen Rang, auf dem er über das Schicksal ganzer Völker und Armeen entschied.

Zweitens – und das war etwas ganz Spezifisches – entstanden neue, verbesserte Waffenarten im Entwurf so schnell, daß die Industrie mit ihrer militärischen Einführung nicht Schritt halten konnte. Die Systeme der Befehlserteilung, des Zielanflugs, der Camouflage, der Lenkung, der Aufrechterhaltung und Unterbrechung von Kommunikationslinien, zusammen mit der Vernichtbarkeit der konventionellen Waffen (aber gerade dies war eine falsche und veraltete Bezeichnung) wurden anachronistisch, ehe sie noch zur serienmäßigen Ausrüstung der militärischen Formationen gelangten.

Deshalb kam es in den achtziger Jahren immer häufiger dazu, daß die bereits begonnene Massenproduktion neuer Jagdflugzeuge und Bomber, »Cruise missiles« (Marschflugkörper), Anti-Antiraketen, Aufklärungs- und Angriffssatelliten, Unterseeboote, Laserbomben, Sonar- und Radargeräte eingestellt werden mußte. Deshalb mußte man auf bereits entstandene Prototypen verzichten, deshalb wurden so viele politische Auseinandersetzungen rund um die Rüstungspläne aufs hitzigste geführt, die riesige Budgetmittel und menschliche Arbeit verschlangen, denn nicht nur erwies sich jede nachfolgende Neuerung als weit teurer als die vorausgegangene, sondern darüber hinaus mußten viele Neuerungen schon in der Anfangsphase als Verlust abgeschrieben werden, und dieser Prozeß setzte sich mit unermüdlicher Beharrlichkeit fort. Es sah danach aus, als sollten nicht die technisch-militärischen *Erfindungen* den Ausschlag geben, sondern das *Tempo*, mit dem sie in die Industrie eingeführt wurden. Diese Erscheinung zeichnete sich gegen Ende des 20. Jahrhunderts als neues, nächstes Paradoxon des Rüstungswettlaufs ab, und das einzig wirkungsvolle Mittel, seinen verhängnisvollen Einfluß auf die verfügbare militärische Kraft auszuschalten, schien eine Rüstungsplanung, nun nicht mehr für acht bis zwölf

Jahre im voraus, sondern für ein Vierteljahrhundert – was die reinste Unmöglichkeit war, weil sie die Voraussicht solcher neuer Entdeckungen und Erfindungen erforderte, von denen in der gegebenen Situation keiner der hervorragendsten Experten auch nur eine Vorstellung hatte.

Am Ende des Jahrhunderts tauchte der Plan für eine neue Waffe auf, die weder Atombombe noch Laserwerfer war, sondern eine Art Kreuzung von beiden. Bis dahin kannte man Atombomben mit Kernspaltung (Uran, Plutonium) und nukleare Verschmelzungssysteme (thermonukleare und Wasserstoff-Plutonium-Reaktion). Eine solche »Urbombe« schleuderte die ganze Macht des Massendefizits der nuklearen Verbindungen in Gestalt aller möglichen Arten von Strahlungen in die Umwelt: von Gamma- und Röntgenstrahlen bis über die thermischen, zusammen mit Lawinen korpuskularer Reste der Ladung, die sich durch bedeutende Lebensfähigkeit und daher durch eine für sie spezifische Periode todbringender Wirkung auszeichneten. Eine solche Bombe emittierte aus der glühenden Hülle mit einer Temperatur von Millionen Graden energetische Wellen jeder Länge und aller Arten von Elementarteilchen. Wie jemand sagte, »die Materie erbrach bei der Explosion alles, was sie nur konnte«. Vom militärischen Standpunkt aus war das Verschwendung, denn am Nullpunkt verwandelten sich alle Objekte in flammendes Plasma, in Gas, in die ihrer elektronischen Hülle beraubten Atome. An der Explosionsstelle flogen Steine, Bäume, Häuser, Metalle, Brücken, menschliche Körper in die Luft, ebenso wie der aufschießende Flammenpilz Beton und Sand in die Stratosphäre schleuderte. Diese Leistung wurde durch »Umformerbomben« noch vervollkommnet. Diese Bombe emittierte das, woran den Strategen in einer bestimmten Situation gelegen war: entweder eine harte Strahlung – und dann tötete sie als sogenannte »saubere Bombe« vor allem alles Lebendige – oder eine thermische Strahlung, so daß der Wärmestoß auf einer Breite von Hunderten Quadratkilometern einen Feuersturm entfachte.

Doch die Laserbombe war eigentlich keine Bombe, sondern ein Laser»werfer« für einmaligen Gebrauch, da ein ganz großer Teil ihrer Kraft im brennenden Strahl konzentriert war, der (zum Beispiel aus einer hohen Erdumlaufbahn) eine Stadt, einen Raketenstützpunkt oder andere wichtige strategische Ziele verbrennen (oder schließlich den Satellitenschutz des Gegners vernichten) konnte. Eine solche Pseudobombe warf einen Todesstrahl aus, der gleichzeitig sie selbst in Flammensplitter verwandelte. Wir werden jedoch nicht weiter auf ähnliche Einzelheiten des Rüstungsfortschritts eingehen, weil er, entgegen den damals herrschenden Auffassungen, nicht den Beginn einer weiteren Eskalation, sondern im Gegenteil den Anfang ihres Endes bildete.

Hingegen lohnt es sich, auf die Atomarsenale der Erde im 20. Jahrhundert einen Blick aus der historischen Perspektive zu werfen. Schon in den siebziger Jahren reichte das, was diese Arsenale bargen, dazu aus, alle Bewohner des Planeten *mehrmals* zu töten, wenn man diese Vernichtungskraft pro Kopf berechnete. Dieser Tatbestand, der sogenannte »*overkill*«, war ziemlich allgemein bekannt, vor allem den Fachleuten. Da die

Vernichtungskraft im Überfluß vorhanden war, waren die ganzen Bemühungen der Experten auf die Sensibilisierung für einen Präventivschlag oder einen Gegenschlag auf die Bestände des Gegners bei gleichzeitigem Schutz der eigenen Bestände gerichtet. Der Schutz der eigenen Bevölkerung war wichtig, aber zweitrangig. In den frühen fünfziger Jahren eröffnete das »*Bulletin of the Atomic Scientist*« eine Diskussion, an der auch Physiker – »Väter der Bombe« – wie Bethe und Szilard teilnahmen und die den Chancen für den Zivilschutz im Falle eines atomaren Konflikts gewidmet war. Die Lösung, sollte sie realistisch sein, kam der Zersplitterung der Städte und der Errichtung gigantischer unterirdischer Schutzbunker gleich. Bethe schätzte die Kosten der ersten Phase eines solchen Vorgehens auf etwa 20 Milliarden Dollar, doch die gesellschaftlichen, psychologischen, zivilisatorischen Kosten einer solchen Operation konnte man nicht einschätzen. Übrigens wurde bald klar, daß, selbst wenn man eine neue »Troglodyten-Epoche« ins Leben rief, dies der Bevölkerung keine Überlebensgarantie geben würde, weil der

Wettlauf um den Bau von Raketen mit immer stärkerer Ladung und größerer Zielgenauigkeit weiter anhalten würde. Jene Konzeption befruchtete nur die damalige *Science-fiction* mit finsteren und entsetzlichen Visionen, in denen die Reste einer entarteten Menschheit in betonierten, mehrstöckigen, tief unter der Erdoberfläche befindlichen Maulwurfslöchern unter den Ruinen der verbrannten Städte vegetierten. Selbsternannte Futurologen (andere hat es eigentlich nie gegeben) wetteiferten miteinander in der Extrapolation aus den bestehenden Atom-Arsenalen auf die künftigen, noch schrecklicheren: Einer der wegen solcher Spekulationen am meisten Gepriesenen war Herman Kahn (»Thinking about the Unthinkable«, ein Buch über den H-Bombenkrieg). Er hat auch die »Weltuntergangsmaschine« ausgetüftelt, die, als riesige Atomladung, umhüllt von einem gepanzerten Kobaltmantel, irgendein Staat in der Tiefe des eigenen Territoriums vergraben kann, um die übrige Welt mit der Drohung des »Selbstmords des ganzen Planeten« zu erpressen. Hingegen stellte sich niemand vor, wie bei einem Andauern der politischen Antagonismen das Atomzeitalter zu einem Ende kommen kann, das weder dem Weltfrieden noch der weltweiten Vernichtung gleichkäme.

In den ziemlich frühen Jahren des 21. Jahrhunderts stellte die theoretische Physik Überlegungen zu der Frage an, die, wie es schien, für das weitere »Sein oder Nichtsein« der Welt entscheidend war, nämlich, ob die kritische Masse der Uraniden, wie Uran 235 oder Plutonium (das heißt eine Masse, in der die in Angriff genommene Kettenreaktion eine Kernexplosion bewirkt), eine *absolut* konstante Größe ist. Hätte man nämlich auf die Größe der kritischen Masse einwirken können, und gar auf beträchtliche Entfernung, dann wäre die Chance zur Paralysierung der bestehenden Atomladungen entstanden. Wie sich zeigte – nebenbei gesagt, war die Sache im wesentlichen bereits den Physikern des vorangegangenen Jahrhunderts bekannt –, *kann* die kritische Masse Veränderungen ihrer Größe erfahren, d. h., es existieren derartige physikalische Bedingungen, unter denen die bisher kritische Ladung aufhört, kritisch zu sein, und daher nicht explodiert – aber die Quantität an Energie, die investiert werden muß, um eben solche Bedingungen zu schaffen, ist weit größer als die Kraft, die in allen Atomwaffen zusammen enthalten ist. Die Versuche einer solchen Unschädlichmachung der Atomwaffe endeten mit einem Fiasko.

## III

In den achtziger Jahren des 20. Jahrhunderts tauchten neue Typen von Raketengeschossen auf, allgemein FIF (Fire and Forget) genannt. Dieses Geschoß wurde von einem entsprechend programmierten Mikrocomputer gesteuert und suchte nach dem Abschuß selber das Ziel. Hatte man es einmal in Bewegung gesetzt, so konnte man es, im wahrsten Sinne des Wortes, vergessen. In jener Zeit entstanden auch die unbemannten Spionagegeräte, zunächst in der Meerestiefe. Die pfiffige Seemine, mit Fühlern und Erinnerungsvermögen ausgestattet, konnte sich die Bewegungen der über ihr fahrenden Schiffe ins Gedächtnis einprägen, Handelsschiffe von Kriegsschiffen unterscheiden, deren Tonnage feststellen und dann diese Informationen in chiffriertem Code an die entsprechende Stelle übermitteln. Diese Geräte bezeichnete man mit einer anderen prägnanten Kurzformel als LOD (Let

Others Do it). Der Geist der Kampfbereitschaft verflüchtigte sich wie Kampfer, besonders in Staaten mit hohem Wohlstand. Die wehrpflichtige Jugend sah ehrwürdige, uralte Sprichwörter wie z. B. »Dulce et decorum est pro patria mori« als komplette Idiotie an. Gleichzeitig stiegen die Preise der neuen Generationen technischer Waffen in exponentieller Progression. Ein Flugzeug aus dem Ersten Weltkrieg, bestehend hauptsächlich aus Leinwand, Holz, Klaviersaiten und ein paar Maschinengewehren, kostete zusammen mit den Rädern des Fahrgestells soviel wie ein besseres Auto. Ein ähnliches Flugzeug aus dem Zweiten Weltkrieg kostete bereits soviel wie dreißig Autos, und gegen Ende des Jahrhunderts stieg der Preis für einen Abfangjäger mit Düsenantrieb oder einen für Radarstrahlung wenig empfindlichen Bomber vom Typ »Stealth« auf mehrere hundert Millionen Dollar. Die für das Jahr 2000 geplanten Düsenflugzeuge mit Raketenantrieb sollten eine Milliarde Dollar pro Stück kosten. Man errechnete also, daß nach weiteren achtzig Jahren bei dieser Progression der Teuerung sich jede Supermacht

20 bis 25 Flugzeuge werde leisten können. Panzer waren nicht billiger. Ein Atomflugzeugträger hingegen, der durch den Treffer einer Superrakete vom Typus FIF versenkt werden konnte, eine Rakete, die sich über dem Ziel in ein riesiges Bündel von Vielfachsprengköpfen auflöste, wobei jeder ein anderes Nervenzentrum dieser riesigen Meereseinheit zu treffen hatte, war eigentlich so etwas wie ein vorsintflutlicher Brontosaurier unter Artilleriefeuer und kostete viele Milliarden. Doch in dieser Zeit hörte man auf, die Rechenelemente der Computer, die auf hauchdünne Silikonplättchen geätzten sogenannten *Chips* zu produzieren, da sie durch Produkte modernster genetischer Ingenieurarbeit ersetzt wurden. Solche *Silicobacter* Wieneri (man gab ihnen diesen Namen zu Ehren des Schöpfers der Kybernetik Norbert Wiener) erzeugten in speziellen Lösungen silikonhaltiger Salze, Silber und geheimgehaltener Zusätze hochintegrierte Schaltkreise, die kleiner als Fliegeneier waren.

Man nannte sie *corn* – Getreide –, und man muß zugeben, daß eine Handvoll solcher Elemente bereits nach vier Jahren ihrer industriellen Herstellung in Massenproduktion dasselbe kostete wie eine Handvoll Hirse. Auf diese Weise – aus der Überschneidung zweier Kurven: der Kurve der Kostensteigerung der schweren Waffen und der Kurve des Kostenverfalls der künstlichen Intelligenz – ergab sich der Trend zum *Verzicht auf den Menschen* in den Streitkräften.

Aus lebendigen Kräften begannen die Armeen, sich in tote Kräfte zu verwandeln. Zu Beginn waren die Wirkungen dieser Wandlung bescheiden. Denn so wie die Erfinder des Autos dieses nicht auf einen Schlag in der vollkommen neuen Gestalt erdachten, sondern die Verbrennungsmotoren in Wagen verschiedenster Gattung unterbrachten, in Droschken mit abgesägter Deichsel und in Karossen, und die ersten kühnen Vorläufer der Luftfahrt versuchten, den Flügeln ihrer Flugapparate die Gestalt von Vogelflügeln zu geben, so hat man unter dem Einfluß der analogen Gedankenträgheit, die in der militärischen Sphäre gewöhnlich groß ist, auch nicht gleich radikal neue Luftraketen, auch keine unbemannten Panzerwagen noch Geschütze auf Selbstfahrlafetten voll und ganz den entstehenden Mikrosilikon-»Soldaten« angepaßt, sondern nur einfach auf den Raum verkleinert, den die zuvor aus Menschen zusammengesetzte Mannschaft dieser oder jener Kampfeinheit einnahm, und diese auf Computer-Programmsteuerung umgestellt. Das war jedoch ein Anachronismus. Der neue, leblose Mikrosoldat erforderte ein völlig neues, revolutionär radikales Herangehen an alle Fragen der Taktik und Strategie und auch, versteht sich, neue Antworten auf die Frage, *welchen* Waffengattungen er am optimalsten werde dienen können.

Das war in der Zeit, als die Welt nach zwei schweren Wirtschaftskrisen sich langsam erholte. Die erste Krise entstand durch das OPEC-Kartell und durch die großen Preissteigerungen beim Erdöl, die zweite Krise wiederum wurde durch das Auseinanderfallen dieses Kartells und den plötzlichen Preisverfall bei Erdöl herbeigeführt. Es entstanden zwar die ersten Kernkraftwerke, doch sie eigneten sich nicht für den Antrieb von Fahrzeugen auf der Erde oder in der Luft. Darum wurden die Waffen großen Formats, wie die

Schützenpanzer, die Artillerie- und Raketeneinheiten, Zugmaschinen, Boden- und Unterseepanzer sowie andere modernste, d. h. Ende des 20. Jahrhunderts entstandene Elemente der schweren Bewaffnung immer teurer, obwohl die Schützenpanzer keine Schützen mehr zu transportieren hatten, und sehr bald zeigte sich auch, daß die Kanonen niemanden hatten, auf den sie hätten schießen können. Diese letzte Phase der militärischen Panzer-Gigantomanie brach Mitte des Jahrhunderts zusammen und ging in die Phase der beschleunigten Mikrominiaturisierung unter dem Zeichen der künstlichen *»Nicht-Intelligenz«* über. Das ist seltsam, aber erst um das Jahr 2040 herum herrschte in den Kreisen der Informatiker, Chiffrierer und anderer Experten Erstaunen darüber, wie ihre Vorgänger lange Zeit so verblendet sein konnten, daß sie *per fas et nefas* oder mit *brute force* versuchten, künstliche Intelligenz zu schaffen. Schließlich war für die überwiegende Mehrzahl der Aufgaben, die Menschen auf 97,8% der Arbeitsplätze sowohl physischer wie geistiger Arbeit durchführen, Intelligenz überhaupt nicht notwendig.

Und was ist notwendig? Orientierungssinn, Routine, Geschicklichkeit, Gewandtheit und Erfindungsgabe. Alle diese Eigenschaften weisen die *Insekten* auf. Die Wespe von der Gattung der *Sphex* sucht sich ein Heupferdchen, spritzt ihm in den Nervenknoten ein Gift ein, das lähmt, aber nicht tötet, dann gräbt sie ein entsprechendes Loch in den Sand, legt ihr Opfer daneben, läßt sich in das Loch hinunter, um zu untersuchen, ob es entspricht, und insbesondere, ob es darin nicht Feuchtigkeit oder Ameisen gibt, zieht die Grille hinunter, legt ihr Ei hinein und fliegt davon, um diese Prozedur fortzusetzen, dank deren die aus dem Ei geschlüpfte Puppe der Wespe bis zur Verwandlung in eine Larve sich vom frischen Fleisch der Grille ernähren kann. Die Wespe beweist damit einen ausgezeichneten Orientierungssinn in der Wahl des Opfers und in bezug auf den narkotisierenden chirurgischen Eingriff, den sie am Opfer vollziehen muß, sie zeigt Routine bei der Organisierung der Unterkunft für die Grille, Gewandtheit bei der Überprüfung, ob diese Unterkunft den Entwicklungsbedingungen ihres Nachwuchses entspricht, und Erfindungsgabe, ohne die diese ganze Reihe von Tätigkeiten nicht durchführbar gewesen wäre. Die Wespe besitzt wahrscheinlich eine hinreichend große Anzahl von Nervenzellen, daß sie ebensogut zum Beispiel einen Lastwagen über eine lange Trasse vom Hafen zum Bestimmungsort lenken oder eine transkontinentale Rakete steuern könnte, nur wurden die Nervenknoten der Wespe von der natürlichen Evolution auf ganz andere Ziele programmiert. Bei der völlig unnötigen Beschäftigung, in vergeblichen Versuchen die Funktionen des menschlichen Gehirns in Computern zu simulieren, sind nacheinander Generationen von Informatikern sowie Professoren der Computerwissenschaft (professors of computer science) mit einer Hartnäckigkeit, die einer besseren Sache würdig gewesen wäre, an einem Mechanismus vorbeigegangen, der *millionenmal einfacher* als das Gehirn und gleichzeitig ungewöhnlich klein ist und mit außerordentlich hoher Zuverlässigkeit funktioniert. Nicht die KÜNSTLICHE INTELLIGENZ, sondern den KÜNSTLICHEN INSTINKT hätte man in erster Linie simulieren und programmieren sollen, denn die Instinkte sind so gut wie eine *Milliarde* Jahre früher entstanden als die Intelligenz, was ein klarer Beweis dafür ist, daß sie *leichter* machbar sind. Die Spezialisten des 21. Jahrhunderts begannen sich mit der Neurologie sowie der Neuroanatomie der völlig gehirnlosen Insekten zu befassen und erzielten nach nicht allzu langer Zeit glänzende Resultate. Ihre Vorgänger waren wahrhaftig verblendet, wenn sie nicht einmal beachteten, daß Insekten von der Gattung der Bienen, angeblich überaus primitive Geschöpfe, doch im Besitz einer eigenen und zwar erblichen Sprache sind, mittels deren die Arbeiterinnen im Bienenstock einander die Stellen mit neuentdeckter Nahrung signalisieren, wobei sie mit dieser signalisierend-gestikulierend-pantomimischen Sprache gleichzeitig anzeigen: die Richtung des Weges, die Entfernung und sogar die Rentabilität und Blütenart der gefundenen Nahrung. Natürlich handelte es sich nicht darum, an leblosen Elementen vom Typus der *CHIPS* oder *CROP* Wespen, Fliegen, Spinnen oder Bienen zu simulieren, sondern lediglich um ihre Neuroanatomie mit eingebauten Serien der erforderten Verhaltensweisen, die auf das gewählte und programmierte Ziel gerichtet sind. So kam es zu der wissenschaftlich-technischen Revolution, die die Kriegsschauplätze der Erde völlig und unwiderruflich veränderte. Bis dahin waren alle Rüstungselemente auf den Menschen abgestimmt. Sie waren auf seine Anatomie zugeschnitten, so daß er mit ihnen andere Menschen erfolgreich zu töten vermochte, sowie auf seine Physiologie, so daß er von anderen Menschen erfolgreich getötet werden konnte.

Wie das gewöhnlich in der Geschichte der Fall ist, gab es die Anfänge dieses neuen komplexen Trends bereits im zwanzigsten Jahrhundert, doch niemand war imstande, sie zu dem Bild eines anbrechenden neuen Gesamtsystems zusammenzufügen. Die Erfindungen, die den DEHUMANIZATION TREND IN NEW WEAPON SYSTEMS formten, entstanden nämlich in voneinander sehr weit entfernten wissenschaftlichen Disziplinen. Militärwissenschaftler interessierten sich nicht für Insekten (mit Ausnahme von Läusen, Flöhen sowie anderem Ungeziefer, das den Soldaten bei ihren militärischen Strapazen zusetzte). Die Intellektroniker, die in Zusammenarbeit mit den Entomologen und den Neurologen die Elemente der Nervenknoten der Insekten erforschten, verstanden nichts von den militärischen Problemen. Die Politiker schließlich verstanden, wie eben Politiker sind, weder von dem einen noch von dem anderen, noch von sonst etwas.

Als daher die Intellektronik bereits Mikrokalkulatoren produzierte, die so klein waren, daß sie erfolgreich mit der Größe der Darmschlingen von Mücken und Hornissen konkurrieren konnten, entwarf die Mehrzahl der Enthusiasten im Zeichen der *Artificial Intelligence* noch immer Programme, die den Computern ermöglichten, dümmliche Gespräche mit nicht allzu klugen Leuten zu führen, und die stärksten Rechenriesen und Gigantosaurier der Computergattungen schlugen bereits Schachmeister, nicht weil sie intelligenter waren als diese, sondern weil sie die Daten milliardenmal schneller pro Sekunde verarbeiteten als Einstein. Niemand – und zwar für lange Zeit hindurch – konnte sich vorstellen, daß für den gemeinen Soldaten an der Kampffront die Aufgewecktheit und die Routine einer Biene oder Hornisse völlig ausreicht. Auf niedriger Stufe der militärischen Operation sind Verstand und Gefechtswirksamkeit zwei völlig verschiedene Dinge, selbst wenn man davon absieht, daß den Soldaten im Kampf der Selbsterhaltungstrieb behindert, der bei ihm unvergleichlich größer ist als bei der Biene (denn diese sticht in Verteidigung des Bienenkorbs, obwohl der Stich ihren sicheren Tod bedeutet).

Wer weiß, wie lange noch die veraltete Denkweise in der Rüstungsindustrie vorgeherrscht hätte, die die Spirale des Rüstungswettlaufs, die Planung neuer konventioneller und nichtkonventioneller Kampfmittel leitete, hätte es nicht einige Bücher gegeben, die die Aufmerksamkeit der öffentlichen Meinung auf ein bestimmtes, ebenso uraltes wie ungewöhnliches Geheimnis der Geschichte unseres Planeten aus der Periode lenkten, in der die Kriechtiere des Erdmittelalters und der Juraschicht herrschten.

## IV

Vor 65 Millionen Jahren, an der sogenannten geologischen Grenze K-T, beziehungsweise im Zeitraum des Übergangs von der Kreidezeit in die Tertiärzeit, fiel auf unsere Erde ein Meteorit mit einem Durchmesser von ungefähr zehn Kilometern; es war einer von der schweren Art, er enthielt beträchtliche Mengen an Metallen, vom Eisen bis zum Iridium. Seine Masse wird auf über dreieinhalb *Trillionen* (3 600 000 000 000) Tonnen geschätzt. Man weiß nicht ganz sicher, ob das eine kompakte Masse war, also einer der Asteroiden, die im Raum zwischen Erde und Mars kreisen, oder auch, vielleicht, eine Anhäufung von Körpern, die den Kern des Kometen bildeten. In den geologischen Sedimenten, die aus jener Zeit stammen, entdeckte man sogenannte Iridium-Anomalien sowie Beimischungen von seltenen Metallen, die in solchen Quantitäten und in dieser Anhäufung normalerweise nirgends auf der

Erde auftreten. Die Feststellung des Charakters jener Elementarkatastrophe in planetarischem Maßstab wurde durch den Mangel an nachweisbaren Spuren eines durch den Aufprall entstandenen Kraters erschwert, obwohl die faktisch später, jedoch ebenfalls durch den Absturz von (tausendfach kleineren) Meteoriten entstandenen bis heute auf der Erdrinde deutlich sichtbare Spuren hinterlassen haben. Dieser kleine Wandelstern oder Komet schlug vermutlich auf das offene Meer auf oder gelangte bei seinem Zusammenstoß mit der Erde in die Nähe einer Uferlinie eines der damaligen Kontinente, und die später erfolgenden Veränderungen ihrer Struktur ließen den durch den Fall in der Erde entstandenen Trichter verschwinden.

Ein Meteor dieser Größe und Masse kann ohne weiteres die ganze Schutzschicht der Atmosphäre durchstoßen. Die Kollisionsenergie, in der Größenordnung vergleichbar mit der Energie des gesamten Nuklearbestands der Erde, wahrscheinlich aber sogar noch größer als diese, verwandelte jenen Körper oder auch jene Gruppe von Körpern in Tausende Milliarden Tonnen Staub, den die atmosphärischen Störungen über die ganze Erdoberfläche verstreuten und dadurch eine so starke und langanhaltende Trübung der Atmosphäre bewirkten, daß mindestens vier Monate lang auf allen Kontinenten die normalen Prozesse der Photosynthese der Pflanzen praktisch aufhörten. Es herrschte Finsternis, bei der die von den Sonnenstrahlen nicht erwärmte Oberfläche des Festlands in dieser Zeit beträchtlich erkaltete, im Gegensatz zum Ozean, der aufgrund seiner ungeheuren Wärmekapazität viel langsamer abkühlte. Nichtsdestoweniger verloren damals die Meeresalgen, eine der Hauptquellen des Sauerstoffs in der Atmosphäre, ebenfalls ihre Kapazität zur Photosynthese. Das führte zum Aussterben einer riesigen Zahl von Tier- und Pflanzengattungen. Das spektakuläre Ergebnis jener Katastrophe war das Aussterben der Riesenechsen, allgemein Dinosaurier genannt, wenngleich damals auch mindestens hundert andere Gattungen ausstarben. Die Katastrophe trat in einer Zeit ein, als das Klima der Erde langsam abkühlte und große, nackthäutige mesozoische Kriechtiere sich in ungewöhnlicher Existenznot befanden. Daß bereits *vor* jener Katastrophe ihre Lebensfähigkeit im Verlauf von ungefähr einer Million Jahren geschwächt worden war, davon zeugen die Untersuchungen der Fossilien, insbesondere der Eier großer Kriechtiere, deren kalkhaltige Schale im Laufe von Jahrtausenden immer dünner wurde; das wiederum zeugte von den wachsenden Ernährungsschwierigkeiten und den sich verschlechternden Klimaverhältnissen der großen Festlandmassen.

Die Durchführung von Computer-Simulationen eines solchen Ereignisses noch in den achtziger Jahren des 20. Jahrhunderts wies seine tödliche Wirkung auf die Biosphäre nach. Dennoch wurde interessanterweise das Phänomen, dem wir unsere Entstehung als Vernunftwesen aus der Klasse der Primaten verdanken, in kein einziges Schulprogramm aufgenommen, wiewohl der ursächliche Zusammenhang zwischen den Sauriopsiden der Kreide-Tertiärzeit mit der Anthropogenese keinem Zweifel unterliegt.

Wie die Forschungen der Paläontologen zu Ende des 20. Jahrhunderts erwiesen, waren die großen Echsen, Dinosaurier genannt, Warmblüter, und ihre geflügelten Abarten zeichneten sich durch eine Behaarung aus, die den Vogelfedern sehr ähnlich war. Die mit diesen Echsen zusammenlebenden Säugetiere hatten keine großen Entwicklungschancen, und keine ihrer Gattungen überstieg die Größe einer Ratte oder eines Eichhörnchens: Die Konkurrenz leistungsfähigerer, lebensfähigerer mächtiger Echsen auf dem Festland, im Wasser und in der Luft war zu groß, daher bildeten die Säugetiere bloß eine evolutionäre Randerscheinung inmitten der damaligen Wirbeltiere, sowohl der Fleisch- wie der Pflanzenfresser. Die Folgen der planetarischen Katastrophe wendeten sich gegen die großen Tiere nicht so sehr unmittelbar als vielmehr durch die Vernichtung oder durch das Zerreißen der sogenannten Ernährungsketten in der Biosphäre. Große pflanzenfressende Boden-, Wasser- und Flugechsen fanden nicht genügende Mengen an Nahrung, da die Vegetation, in der Photosynthese paralysiert, massenweise verwelkte. Von den Pflanzenfressern lebende Raubtiere gingen aus dem gleichen Anlaß zugrunde. Auch die ungeheuer große Zahl der Meerestiere starb aus, weil der sogenannte Zyklus des biologischen Kohlenstoffaustauschs in den Meeren bedeutend schneller vor sich geht als auf dem Festland und die oberen Schichten des Ozeans schneller abkühlten als die sogenannten tiefen Schichten. Hingegen überlebten wenige Arten von relativ kleinen Kriechtieren und ziemlich viele Arten kleiner Säugetiere, und auf diese Weise kam es, nachdem die Splitter des zertrümmerten Meteors heruntergefallen waren und die Atmosphäre gereinigt war, in der wiederhergestellten Vegetation zu zahlreichen radialen Zentren artbildender Säugetiere, aus denen sich nach ungefähr vierzig Millionen Jahren jene Gruppe von Primaten entwickelte, von der sich der Homo sapiens ableitet. Obgleich die ebenso unzweifelhafte wie indirekte Ursache der Entstehung des vernunftbegabten Menschen in der Elementarkatastrophe an der Grenze der K-T-Zeit zu erkennen ist, so sind für unser Thema, das sich auf die Problematik der militärischen Entwicklung der Zivilisation konzentriert, jene Wirkungen dieses Ereignisses am wichtigsten, auf die früher überhaupt kein Gewicht gelegt wurde. Die Sache ist die, daß an der Grenze von Kreide- und Tertiärzeit am wenigsten die Insekten zu leiden hatten! Bis zur Katastrophe gab es ungefähr eine dreiviertel Million Arten, und kurze Zeit nach ihr blieben mindestens siebenhunderttausend Arten; und gruppenbildende Insekten wie Ameisen, Termiten oder Bienen überlebten das Elementarereignis in fast unverletztem Zustand. Naturkatastrophen können also – wie aus den geschilderten Tatsachen hervorgeht – noch am leichtesten und mit der größten Wahrscheinlichkeit von kleinen oder sehr kleinen Tieren überlebt werden, die sich durch die Anatomie und Physiologie der Insekten auszeichnen.

Es ist auch nicht als Zufall anzusehen, daß im allgemeinen Insekten weit weniger empfindlich für die tödliche Wirkung der Radioaktivität sind als Exemplare der sogenannten höheren Gattung der Wirbeltiere. Die Aussage der Paläontologie ist eindeutig. Die Katastrophe, die in der Reichweite der entfesselten Vernichtungskräfte dem weltumfassenden Atomkrieg gleichkommt, erschlug alle großen Tiere, fügte den Insekten wenig Schaden zu und berührte die Bakterien überhaupt nicht. Das heißt, je größer der Vernichtungsbereich einer bestimmten Elementarkraft oder technischen Waffe ist, desto sicherer können kleinere Gruppen unversehrt der Reichweite der Vernichtung entkommen. So erheischte denn die Atombombe die *Streuung* sowohl *ganzer Armeen* wie auch *einzelner Soldaten*. Stabsoffiziere beabsichtigten, die Armeen zu zerstreuen, doch die Idee, die Soldaten auf das Maß einer Ameise oder einer Wespe zu verkleinern, konnte im 20. Jahrhundert außerhalb der puren Phantasie keinerlei Ausdruck finden. Man kann doch den Menschen weder in seinen Ausmaßen reduzieren noch ihn zersplittern! Man dachte damals an Soldaten-Automaten und hatte dabei anthropoide Roboter im Sinn, obwohl die Idee schon damals durch einen naiven Anthropomorphismus beeinträchtigt war. Wohl kam schon in dieser Zeit die Großindustrie mit immer weniger Menschen aus, doch die Roboter, die diese Menschen am Fließband ersetzten, waren kein bißchen menschenähnlich. Sie stellten die Vergrößerung ausgesuchter funktionierender *Fragmente* des Menschen dar: als Computer-»Gehirn« mit *einer* riesigen Stahlhand am Fahrgestell von Autos montiert, als Komposition aus Faust und Hammer, oder mit einem »Laserfinger«, der zum Schweißen von Karosserieblechen diente. Das waren Geräte, die wie Hände und Sinne funktionierten, jedoch keine Ähnlichkeit mit dem menschlichen Auge oder Ohr oder mit menschlichen Händen hatten. Doch solche großen und schweren Roboter konnte man nicht auf Schlachtfelder übertragen, denn sie wären sofort von den unfehlbaren, automatisch auf das Ziel zusteuernden intelligenten Geschossen getroffen worden.

Deshalb bildeten nicht menschenähnliche Automaten die Armeen neuen Typs, sondern synthetische Insekten (Synsekten), keramische Mikrokrustentiere, Regenwürmer aus Titan und fliegende Pseudoinsekten mit Nervenknoten aus Arsenverbindungen und Stacheln, die aus schweren, spaltbaren Elementen bestanden. Die Mehrzahl dieser »leblosen Mikrosoldateska« vermochte sich bei der ersten Warnung vor dem drohenden Atomangriff tief in die Erde zu vergraben und nach der Explosion wieder herauszukriechen, wobei sie ihre Kampffähigkeit selbst in einer von schrecklicher Radioaktivität glühenden Umgebung bewahrten, denn das war nicht nur ein mikroskopischer, sondern auch ein abiologischer, also toter Soldat. Die fliegenden Synsekten wurden zu einer Art Verschmelzung von Flugzeug, Pilot und Geschoß zu einer Miniatureinheit. Die *Mikroarmee* wurde zu einer operativen Einheit, die nur als Ganzes die von ihr geforderte Kampfkraft und den geforderten Kampfwert besaß (wie – analog – nur der ganze Bienenschwarm eine selbständige Überlebenseinheit, die einzelne Biene hingegen gar nichts ist).

Da die Kriegsschauplätze ständig von Atomstößen bedroht waren, die nicht allein die militärische Stärke vernichten, sondern auch jede Verbindung zwischen den einzelnen Waffengattungen sowie zwischen diesen und dem Oberkommando zerstören, entstanden leblose Mikroarmeen vieler Typen, auf zwei entgegengesetzten Prinzipien beruhend. Entsprechend dem *ersten*, dem Prinzip der Selbständigkeit, agierte eine solche Armee wie ein Feldzug von Ameisen, wie ein Anflug von Bazillen oder ein Heuschreckenschwarm. Besonders letztere Analogie gestattet es, die Tätigkeit einer solchen Armee zu veranschaulichen. Wie man weiß, sind Heuschrecken einfach eine biologische (nicht gattungsmäßige) Abart gewöhnlicher Grillen, eine bestimmte Gruppe von Heupferdchen, und im Grunde sind selbst Heuschreckenwolken, die aus Hunderten Milliarden Einzelexemplaren bestehen (von Flugzeugen aus waren noch mehr zu beobachten) für den Menschen unmittelbar völlig unschädlich.* Dennoch können sie allein aufgrund ihrer gigantischen Masse zu Zugentgleisungen führen, Tag in Nacht verwandeln, jeden Verkehr lahmlegen (selbst ein Panzerkampfwagen beginnt auf der Stelle zu schlittern, wenn er in einen riesigen Heuschreckenschwarm hineinfährt, denn er zermahlt ihn zu einem blutig-fettigen Brei, in welchem er nach und nach wie in einem

* Sieht man vom hauptsächlichen Vernichtungseffekt solcher Katastrophen, d. h. von der Vernichtung jeglicher Pflanzen- und Feldkulturen ab.

Sumpf versinkt). Die tote, synthetische Heuschrecke war unvergleichlich tödlicher, da sie zu diesem Zweck von ihren Konstrukteuren ausgestattet wurde. Sie agierte, wie wir sagen, selbständig, d. h. entsprechend dem eingespeicherten Programm, und sie bedurfte nicht der ständigen Verbindung mit irgendeinem Führungszentrum.

Mit Atomschlägen konnte man natürlich diese Pseudoheuschrecke vernichten, doch die Wirkung war mehr oder weniger dieselbe wie bei der Beschießung von Wolken durch Atomwaffen. Es wären in diesen Wolken große Löcher entstanden, die sehr schnell von anderen Wölkchen gefüllt worden wären.

Nach dem *zweiten* neomilitärischen *Prinzip*, dem sogenannten Prinzip des *Teletropismus*, war die Mikroarmee eine einzige riesige (im Meer oder auf Flüssen oder auch fliegende) *Anhäufung* von *sich selbst montierenden Elementen*. Sie strebte dem Ziel je nach den taktischen oder strategischen Erfordernissen in einer starken Diffusion, von vielen verschiedenen Seiten her zu, um sich erst *unmittelbar am Ziel zusammenzuschlie-*

*ßen* – zu einem vorprogrammierten Ganzen. Es war daher so, daß die Kampfmittel die Fabrik nicht in ihrer endgültigen Gestalt, das heißt einsatzbereit verließen, wie auf Loren geladene Panzerfahrzeuge und Geschütze, sondern als Mikrobausteine, imstande, sich erst am Bestimmungsort zu einer Kriegsmaschine zusammenzufügen. Deshalb nannte man solche Armeen *sich selbst verschmelzende*. Das einfachste Beispiel dafür war die Autodispersions-Atomwaffe. Eine Rakete (ICBM, IRM), von der Erde, einem Schiff oder von einem U-Boot aus abgeschossen, kann man aus dem Kosmos mit einem Lasersatelliten vernichten. Man kann jedoch auf diese Weise nicht gigantische Wolken von Mikroteilchen zerstören, die Uran oder Plutonium führen, welche sich erst am Ziel zur kritischen Masse verschmelzen, hingegen unterwegs einer sehr beträchtlichen Dispersion unterliegen und von Nebel oder Staubwolken nicht zu unterscheiden sind.

Eine Zeitlang existierten alte und neue Waffentypen nebeneinander, doch das schwere, massive Panzergerät unterlag ebenso schnell wie endgültig den Angriffen der Mikroarmee.

Wie Infektionserreger heimlich in den Tierkörper eindringen, um ihn von *innen* zu töten, so drangen tote künstliche Mikroben gemäß den ihnen verliehenen Tropismen in die Kanonenrohre, Patronenlager, Triebwerke von Panzern, Flugzeugen ein, zerfraßen katalytisch Metall oder drangen bis zu den Brennstoffen und Schießpulverladungen vor und sprengten sie in die Luft. Was vermochte selbst der tüchtigste, mit Granaten behängte, mit Maschinenpistolen, Raketenwerfern oder anderen Schußwaffen ausgerüstete Soldat gegen den toten und mikroskopischen Feind auszurichten? Ebensoviel wie ein Arzt, der versuchen wollte, Pest- oder Cholerabazillen mit einem Hammer oder einem Revolver zu bekämpfen.

Inmitten von solchen Mikrobenwaffen-Schwärmen, die programmierte Ziele selber anpeilen, war der Mensch in der Uniform ebenso hilflos wie der römische Legionär mit Schild und Schwert inmitten des Kugelhagels. Der Mensch mußte um so unvermeidlicher das Schlachtfeld verlassen, als spezifische Arten der biotropischen Mikrowaffe, die alles, was lebte, vernichtete, ihn innerhalb von Sekunden töteten.

Schon im 20. Jahrhundert wurde die Kampftaktik der geschlossenen Reihe durch verstreute Verbände ersetzt, die im Bewegungskrieg einer weiteren Dispersion unterlagen. Doch auch da gab es noch Frontlinien, die den Freund vom Feind trennten. Nun verschwanden solche Begrenzungslinien endgültig.

Die Mikroarmee konnte sich mit Leichtigkeit durch alle Verteidigungssysteme durcharbeiten und tief in das Hinterland des Feindes eindringen. An Problemen hatte sie bei solchen Invasionen gerade nur soviel wie der Schnee oder der Regen. Gleichzeitig erwies sich auf den Schlachtfeldern die großkalibrige Atomwaffe als immer hilfloser, da ihr Einsatz einfach aufhörte sich zu lohnen. Man möge sich den Versuch vorstellen, eine Virusinfektion mittels thermonuklearer Waffen zu bekämpfen. Die Wirksamkeit wird sicherlich minimal sein. Man kann freilich sogar ein großes Gebiet in einer Tiefe von Hunderten Metern ausbrennen und in eine gläserne, leblose Wüste verwandeln, doch was hat man davon, wenn eine Stunde später militärischer Regen darauf zu fallen beginnt, aus dem sich »Angriffs- und Besatzungsabteilungen« herauskristallisieren? Die Kosten der Wasserstoffbomben sind enorm. Man macht nicht mit Kreuzern Jagd auf Blutegel oder Sardinen.

Als wichtigste Aufgabe in der menschenlosen Etappe der Militärgeschichte erwies sich die Unterscheidung zwischen *Feind* und *Landsmann*. Diese Aufgabe, früher mit der Kurzformel FOF (Friend or Foe) bezeichnet, lösten im 20. Jahrhundert die Systeme der Elektronik, die nach der Regel »Parole und Erkennungswort« vorgingen. Das mit Radiowellen angerufene Flugzeug oder auch das unbemannte Geschoß antwortete mit seinem Sender erwartungsgemäß, oder es wurde als Feind angegriffen. Diese Methode aus den vorangegangenen Jahrhunderten, ohne den Menschen ausgeführt, erwies sich jedoch als unbrauchbar. Die neuen Waffenmeister gingen im Reich des Lebens, bei den Pflanzen, Bakterien und Insekten in die Schule.

Die Aufklärungstätigkeit wiederholte Identifizierungsmethoden von lebendigen Arten: ihre Immunologie, Kämpfe des Antigens mit dem Antikörper, Tropismen und überdies Schutzfarben, Camouflage, Tarnung und Mimikry. Die leblosen Waffen verstellten sich manchmal (und das hervorragend) als fliegende Stäubchen oder Samenkapseln, authentische Insekten, Wassertropfen, doch versteckte sich unter dieser Maske ein erosiver oder todbringender Gehalt. Übrigens muß ich erklären, daß ich, obwohl ich ständig Vergleiche aus der Entomologie heranziehe, sobald ich von Angriffen künstlicher Heuschrecken oder auch anderer Insekten spreche, das mache, was der Mensch des 20. Jahrhunderts hätte machen müssen, wollte er den Zeitgenossen von Vasco da Gama oder von Christoph Kolumbus schildern, wie eine moderne Stadt mit ihrem Autoverkehr aussieht. Er würde ganz gewiß von Karossen und Kutschen ohne Pferde sprechen, Flugzeuge würde er mit aus Metall hergestellten Vögeln vergleichen, und auf diese Art würde er sicher in der Vorstellung des Zuhörers Bilder hervorzaubern, die eine gewisse Verwandtschaft mit der Realität aufweisen, sich aber dennoch nicht mit ihr decken. Die Karosse, die auf großen, dünnen Rädern rollt, mit hohen Wagenschlägen und heruntergelassenem Trittbrett, mit einem Kutschbock und Plätzen hinter dem Dach für die Bedienten, das ist dennoch kein Fiat noch ein Golf oder ein Mercedes. So war auch die synthetische Waffe des 21. Jahrhunderts nicht einfach ein Schwarm von in Metall verwandelten Insekten, die wir aus den entomologischen Bildtafeln kennen. Manche dieser Pseudoinsekten konnten wie Geschosse den menschlichen Körper durchbohren; andere dienten der Schaffung optischer Systeme, welche die Sonnenstrahlen auf einen großen Raum konzentrierten, wodurch Temperaturgradienten entstanden, die die Luftmassen bewegten, sofern der »Operationsplan« zum Beispiel starke Regenfälle oder, im Gegenteil, herrliches Wetter erforderte. Es gab »Insekten« solcher »meteorologischer Dienste«, denen heute überhaupt nichts entspricht, sagen wir, endothermische Synsekten, die große Mengen von Energie nur dazu absorbierten, damit in einem bestimmten Gebiet ein *gewaltiger Temperatursturz* erfolgte, der dichten Nebel oder das Phänomen einer sogenannten Inversion bewirkt. Es gab auch Synsekten, die imstande waren, sich zu einem Laserstrahl mit einmaliger Wirkung zusammenzuschließen, und diese ersetzten die Artillerie des vorangegangenen Jahrhunderts, obwohl man hier schwer von Ersetzen sprechen kann, weil die Artillerie in der heutigen Bedeutung auf den Schlachtfeldern ebensoviel zu suchen hat wie eine Schleuder oder eine Balliste. Die neue Waffe diktierte neue Kampfbedingungen und daher neue Taktiken und Strategien mit dem gemeinsamen Nenner der totalen Menschenlosigkeit.

Diese neue Ära des Krieges war für die Liebhaber von Uniformen, Fahnen, Wachablösungen, Ehrenkompanien, Habtachtstellung, Kehrtwendung, Drill, Bajonettangriff oder Tapferkeitsmedaillen eine einzige Beleidigung ihrer hehren Ideale, eine einzige Beschimpfung und Schmähung! Diese neue Epoche des Militärwesens nannten die zeitgenössischen Fachleute eine »verkehrte Evolution« *(Upside Down Evolution)*, denn in der Natur entstanden in den ersten Anfängen einfache und mikroskopisch kleine Organismen, aus denen sich im Laufe von Millionen Jahren immer größere Gattungen entwickelten. In der Evolution der militärischen post-Atom-Ära herrschte hingegen der umgekehrte, nämlich der mikrominiaturisierende Trend.

Die Mikroarmeen entstanden in zwei Etappen. In der ersten Etappe waren die Planer und Erbauer der menschenlosen Mikrowaffen noch Menschen. In der zweiten Etappe waren es Divisionen von toten Mikro-Konstrukteuren, die die Mikrosoldaten entwarfen, auf ihre Kampffähigkeit testeten und in die Massenproduktion einführten.

Zuerst wurde der Mensch aus den Reihen des Militärs und später auch aus der Rüstungsindustrie durch das Phänomen der sogenannten *»soziointegrativen Degeneration«* ausgeschaltet. Der *Degeneration* unterlag der einzelne Soldat, sobald er aufhörte, ein Vernunftwesen zu sein, mit großem Gehirn, sobald er immer kleiner und damit immer unkomplizierter wurde, als »Soldat für einmaligen Gebrauch«. Übrigens waren manche Antimilitaristen auch früher der Meinung, daß mit Rücksicht auf die hohe Sterblichkeit im modernen Krieg alle seine Teilnehmer mit Ausnahme der hohen Dienstränge »Soldaten für einmaligen Gebrauch« waren. Am Ende hatte der Mikrosoldat soviel Verstand wie die Ameise oder die Termite. Eine um so größere Rolle nahm damals der pseudosoziale *Verband* der Minikrieger an. Jede tote Armee war unvergleichlich komplexer als der Bienenstock oder der Ameisenhaufen. Vom Gesichtswinkel der inneren Struktur und der gegenseitigen Abhängigkeit entsprach sie eher den sogenannten großen *Biotopen* der belebten Natur als ganzen Pyramiden von Pflanzen- und Tiergattungen, die in einem bestimmten Bereich als ihrem Lebensraum miteinander in ausgewogenem evolutionärem Gleichgewicht der Konkurrenz, der Antagonismen, der Symbiose und daher im komplizierten Netz wechselseitiger Beziehungen koexistierten.

Nicht schwer zu verstehen, daß es in einer solchen Armee für Unteroffiziere keine Beschäftigung gab. Übrigens vermochten weder der Korporal noch der Feldwebel, nicht einmal der hochrangige Offizier eine Abteilung dieser Armee zu führen. Um die ganze Armee zu erfassen, die so komplex war wie die belebte Natur, wiewohl eine tote Gesamtheit, hätte nicht einmal der Verstand eines Hochschulsenats auch nur für die Inspektion, und schon gar nicht für einen Feldzug ausgereicht. So schnitten neben den armen Ländern der Dritten Welt bei der großen militärischen Umwälzung des 21. Jahrhunderts die Offizierskorps am schlechtesten ab. Ihren Vernichtungsprozeß leitete übrigens schon das 20. Jahrhundert ein, als es die prächtigen Federbüsche, Dreispitze, goldenen Tressen, riesigen Fahnen, bunten Uniformen abschaffte, doch den letzten Stoß versetzte dieser Pracht erst die Pseudo-Insekten-Evolution – oder eigentlich *Involution* – des Heereswesens des 21. Jahrhunderts. Der unbarmherzige Druck des Trends zur Säuberung der Armeen von Menschen zerstörte die schönen Traditionen der Manöver, des Schauspiels der Paraden (eine Parade von Heuschrecken kann nicht schön sein, im Gegensatz zu Panzern oder Raketen), Bajonettgefechten, Fahnenhochziehen und -senken, Rapporten und der ganzen Vielfalt, die zum Kasernenleben gehörte. Eine Zeitlang gelang es noch, den Menschen hohe Führungsränge mit dem Generalstab an der Spitze zu sichern, doch leider nicht sehr lange.

Die zahlenmäßig-strategische Überlegenheit der aus dem Computer kommenden Staffelungen der Befehlsgewalt machte am Ende die mächtigsten Kommandeure, einschließlich der Marschälle, zu Arbeitslosen. Der Vorhang aus Ordensbändern auf der Brust schützte auch die hervorragendsten Stabsoffiziere nicht vor der Frührente. Damals entstand in verschiedenen Staaten eine Oppositionsbewegung des Kaders der Berufsoffiziere, die in der Verzweiflung der Arbeitslosigkeit – denn es waren Berufsoffiziere, die ihre Stellung verloren – sogar in den terroristischen Untergrund hinabstiegen. Mit wahrhaft ekelhafter, von niemandem mit Absicht geplanter Bosheit, von der Geschichte selbst, wurde mit Mikrospionen und Minipolizei, nach dem Muster einer bestimmten Schabe konstruiert, der Aufstand niedergeschlagen. Diese Schabe, zum ersten Mal von einem bekannten amerikanischen Neuro-Entomologen im Jahre 1981 beschrieben, hat am Ende des Hinterleibs ganz feine Härchen, überaus empfindlich selbst für Luftvibrationen, und da diese Härchen mit einem speziellen Nervenknoten hinten verbunden sind, spürt die Schabe beim leisesten Lufthauch die Annäherung des Feindes und ergreift selbst in tiefster Dunkelheit blitzartig die Flucht. Die Entsprechung dieser Härchen waren elektrische Picosensoren der Minipolizisten, die, in den Ritzen alter Tapeten versteckt, Abhörgeräte im Hauptquartier der Rebellen anbrachten.

Doch auch die reichen Länder hatten in den neuen Zeiten kein angenehmes Leben. Das politische Spiel konnte unmöglich auf alte Weise betrieben werden. Die seit jeher schon undeutliche Grenze zwischen Krieg und Frieden war nun restlos verwischt. Das 20. Jahrhundert machte Schluß mit dem zeremoniellen Ritual der offenen Kriegserklärung und nahm das Angriffsunternehmen ohne Ankündigung, ohne fünfte Kolonne, Massensabotage, kalten Krieg, Stellvertreter-(per procura)Kriege auf, und das war nur der Beginn des weiteren Verschwindens der Unterschiede.

Die Welt, in der es zwei einander ausschließende Zustände gab, Krieg oder Frieden, verwandelte sich in eine Welt des Krieges, der ein Frieden war, und des Friedens, der zum Krieg wurde. Einst, als nur Menschen Diversanten sein konnten, versteckte sich die Diversion unter verschiedenen Masken der Ehrenhaftigkeit und Tugend. Sie durchdrang die religiösen und sozialen Bewegungen, selbst so ehrbare wie die Organisation der Sammler von Zündholzschachteln oder den Verein der singenden Greise. Später aber konnte sich alles mit Diversion befassen, vom Nagel an der Wand bis zu Mitteln, die zum Weichmachen von hartem Wasser verwendet wurden. Denn die kryptomilitärische Diversion wucherte. Da die Menschen nicht mehr eine reale politische Kraft noch eine militärische Kraft sein konnten, lohnte es nicht, sie mittels Propaganda umzustimmen, auch nicht, sie für die Zusammenarbeit mit dem Feind anzuwerben. Über die politischen Wandlungen kann ich hier nicht so ausführlich schreiben, wie es angebracht wäre, ich fasse also das Wesen der vor sich gegangenen Veränderungen in Kürze zusammen. Die Politiker der parlamentarisch regierten Länder bewältigten schon im vergangenen Jahrhundert nicht einmal alle Probleme des eigenen Staates, geschweige denn die Weltprobleme, und darum hatten sie Berater. Jede politische Partei hatte Experten als Berater. Wie man weiß, machten die Berater der verschiedenen Parteien über dieselben Fragen ganz unterschiedliche Aussagen. Mit der Zeit nahmen sie Computersysteme zu Hilfe, und zu spät erkannte man, daß die Menschen zu Sprachrohren ihrer Computer wurden. Sie meinten, sie selbst seien es, die die Dinge überdenken und Schlüsse ziehen, wenn sie sich auf die in den Computern gespeicherten und ihnen gelieferten Daten stützten. Doch tatsächlich operierten sie mit einem vom Rechenzentrum vorfabrizierten Material, und dieses Material bestimmte die menschlichen Entscheidungen. Nach einer Periode gewisser Verwirrung sahen die großen Parteien die Berater als entbehrliches Zwischenglied an, und seither hatte jede Partei in ihrer Zentrale einen Hauptcomputer, der in der zweiten Hälfte des 21. Jahrhunderts hin und wieder, nachdem eine Partei zur Macht gelangt war, den Posten eines Ministers ohne Portefeuille erhielt (für einen Computer ist ein Portefeuille ohnehin nicht brauchbar), und die entscheidende Rolle in den Demokratien dieses Typs begannen die Programmierer zu spielen. Der Programmierer mußte zwar den Treueschwur leisten, doch das erwies sich als nicht allzu wirksam. Die Demokratie, so äußerten viele Stimmen, wird sich in ein Äquivalent zum einstigen Direktorat verwandeln, nämlich zum Computerium. Deshalb befaßten sich Spionage und Gegenspionage – die Politiker und die Naturschutzverbände (deren es nur wenige gab, denn es gab ohnehin nicht mehr viel zu schützen) übergingen sie dabei – mit der Durchdringung der rechnerischen Entscheidungszentren. Ob das aber tatsächlich so war, konnte niemand zweifelsfrei feststellen. Übrigens mangelte es nicht an neuen Politologen, die behaupteten, daß in dem Falle, wo der Staat A das Computerium von Staat B völlig beherrscht und der Staat B das Computerium des Staates A, es wieder zu einem totalen internationalen Gleichgewicht kommen wird. Das, was zur normalen Wirklichkeit geworden war, konnte nicht mehr mit den Kategorien der uralten traditionellen Politik, nicht einmal mit jenem gesunden Menschenverstand erfaßt werden, der zwischen Naturereignissen, wie einem Hagelschlag, oder künstlichen, wie einem Bombenangriff, zu unterscheiden weiß.

Formell gaben die Wähler weiterhin ihre Stimme für politische Parteien ab, doch rühmte sich jede Partei nicht etwa, ein besseres wirtschaftspolitisches Programm zu haben, sondern einen besseren Computer, der mit allen sozialen Schwierigkeiten und Problemen fertig werde. Kam es jedoch zum Beispiel zu Widersprüchen zwischen den Computern, so wurden diese formal von der Regierung gelöst, in Wirklichkeit war aber die Entscheidungsinstanz ebenfalls ein Computer. Ich werde das am besten an einem konkreten Beispiel erklären. Die Animosität zwischen den drei Hauptgruppen der Streitkräfte der Vereinigten Staaten, Armee,

Kriegsflotte und Luftwaffe, hatte schon vor vielen Jahrzehnten dazu geführt, daß jede von ihnen die Überlegenheit über die anderen zwei anstrebte. Jede versuchte den größten Anteil am Militärbudget für sich zu gewinnen, selbst zum Schaden der anderen. Jede hielt ihre neuesten Waffen vor den anderen geheim. Eine der Hauptaufgaben der Präsidentenberater bestand darin, in die Geheimnisse einzudringen, die von der Armee, von der Luftwaffe oder der Kriegsflotte vor der Welt verborgen wurden. Jede von ihnen hatte ihren eigenen Stab, eigene Geheimhaltungssysteme, eigene Codes und – selbstverständlich! – eigene Computer. Jede trachtete danach, die loyale Zusammenarbeit mit den anderen auf das absolute Minimum zu reduzieren, so daß der Staat nicht auseinanderfiel. Daher bestand die Hauptaufgabe jeder neuen Administration darin, eine leidliche Integrität in der Regierung und Verwaltung des Staates und der Außenpolitik aufrechtzuerhalten. Bereits im vorangegangenen Jahrhundert wußte faktisch niemand, wie groß die tatsächliche militärische Macht der Vereinigten Staaten war, denn diese Macht wurde der Bevölkerung unterschiedlich präsentiert, je nachdem ob der Vertreter der Regierung oder der Oppositionskandidat für die Präsidentschaft darüber sprach. Gegenwärtig konnte sich kein Teufel mehr in der faktischen Lage der Dinge zurechtfinden. Mittlerweile traten neben der Computer-Verwaltung, d. h. der künstlichen Verwaltung, die nach und nach die natürliche, von Menschen geführte Verwaltung ersetzte, Erscheinungen auf, die man früher einmal als Naturphänomene bezeichnete, von denen man aber jetzt eigentlich nicht wußte, wer *oder ob überhaupt irgend jemand* sie verursacht hatte. Sauren Regen, der aus den Wolken herunterfiel, die mit der von der Industrie ausgestoßenen Schwefelsäure gesättigt waren, kannte schon das 20. Jahrhundert. Hier und dort gab es so ätzende Regenfälle, daß sie die Straßen, Hochspannungsleitungen und Fabrikdächer zerstörten, und es war unmöglich festzustellen, ob dies das Werk der vergifteten Natur oder der feindlichen Diversion war. So war es mit allem. Der Viehbestand wurde dezimiert, doch waren diese Tierseuchen natürliche oder künstliche?

War der Zyklon, der die Ufer ruinierte – wie einst –, ein Schicksalsschlag, oder wurde er dadurch verursacht, daß insgeheim Wolken unsichtbarer mikrometeorologischer Diversanten, jeder einzelne von ihnen so klein wie ein Virus, die Luftmassen über dem Ozean verschoben? War die Dürre normal, wenn auch unheilvoll, oder wurde sie ebenfalls durch geschickte Verschiebung der wasserführenden Wolken in eine andere Richtung verursacht?

Diese Katastrophen suchten nicht bloß die Vereinigten Staaten, sondern die ganze Welt heim. Und wiederum – die einen sahen darin einen Beweis für deren natürliche Ursachen, andere wiederum waren überzeugt, daß sie deshalb überall vorkommen, weil bereits alle Staaten über nicht von Menschen gelenkte, auf weite Entfernung wirkende Mittel verfügen und einander Schaden zufügen, während sie offiziell verkünden, daß sie nichts dergleichen tun. Einen auf frischer Tat ertappten Diversanten konnte man keinem Kreuzverhör unterziehen, ja, ihn nicht einmal irgend etwas fragen, denn da er ein Synsekt oder eine künstliche Mikrobe war, war er stumm. Klimatisch-meteorologische Konter-Geheimdienste, seismische Spionage, Aufklärungsdienste der Epidemiologen, Genetiker und sogar Hydrographen hatten alle Hände voll zu tun (genauer: sie hatten alle Computer voll zu tun). Ein zunehmend großer Teil der Weltwissenschaft wurde vom Militär für mannigfaltige Aufklärungsdienste in Anspruch genommen. Konnten doch Orkane, Seuchen der Pflanzenkulturen, die Zunahme der Sterblichkeit von Hausvieh und schließlich sogar Abstürze von Meteoren der Diversion verdächtig werden (fügen wir in Parenthese hinzu, daß die Idee, Asteroide auf feindliches Territorium zu lenken, damit sie beim Sturz fürchterliche Verwüstungen anrichteten, schon im 20. Jahrhundert entstand und als *interessant* anerkannt wurde).

Auf den Akademien der Generalstäbe wurden neue Disziplinen vorgetragen, wie kryptooffensive und kryptodefensive Strategien, Anti-Gegenspionage-Kryptologie, das heißt die Täuschung und Irreführung der Geheimdienste zur zweiten Potenz, wie das Änigma auf dem Schlachtfeld, und schließlich die *Kryptokryptik*, die auf *geheime* Weise die *geheime* Anwendung *solcher geheimer* Waffen präsentierte, die *niemand*, *in keiner Weise*, von unschuldigen Naturphänomenen unterscheiden kann.

Es verwischten sich sowohl die Fronten wie die Abgrenzung zwischen kleinen und großen Antagonismen. Um in der öffentlichen Meinung des eigenen Landes das andere Land anzuschwärzen, erzeugten Sonderdienste einer Geheimindustrie *Falsifikate* von Elementarkatastrophen auf dem *eigenen* Territorium, damit ihr unnatürlicher Charakter augenfällig sei und jeder Staatsbürger dadurch gezwungen werde, der Verdächtigung von Nachbarländern, daß sie eine so verderbliche Tätigkeit betreiben, Glauben zu schenken. Furchtbarer Zorn und Aufruhr brachen in der Dritten Welt aus, als bekannt wurde, daß ein bestimmtes sehr großes und reiches Land, das den armen, übervölkerten Ländern Hilfe leistete, den (ziemlich billig) verkauften Lieferungen an Sago, Getreide, Mais und Kartoffelmehl – als Beimischung – bestimmte chemische Mittel zusetzte, die die sexuelle Potenz schwächen. Das war schon der *geheime Antigeburtenkrieg*. So wurde denn der Frieden zum Krieg und der Krieg – zum Frieden. Obwohl die katastrophalen Folgen dieses Trends in der weiteren Zukunft offenkundig waren – als Sieg beider Seiten, der von der allgemeinen Vernichtung nicht zu unterscheiden war –, bewegte sich die Welt in dieser zum Verderben führenden Richtung weiter.

Nicht wegen totalitärer Ränke war der Frieden ein Krieg, wie sich das einst Orwell vorgestellt hatte, sondern wegen der technologischen Errungenschaften, welche die Grenzen zwischen dem *natürlichen* und dem *künstlichen* Phänomen auf jedem Gebiet, in jedem Teil der menschlichen Welt verwischten. Nicht anders ging es nämlich auch in dem die Erde umgebenden kosmischen Raum vor sich.

Dort, so meinten die Erkenntnistheoretiker, die Philosophen, dort, wo es weder einen Unterschied zwischen dem künstlichen und natürlichen Eiweißstoff mehr gibt noch zwischen natürlicher und künstlicher Intelligenz, kann man auch keinen Unterschied machen zwischen dem Unheil, das einen vorsätzlichen Anstifter hat, und jenem Unheil, das keiner verschuldete.

Wie das Licht, von der unwiderstehlichen Schwerkraft angezogen, einmal in die Tiefe des Schwarzen Lochs des stellaren Raums gefallen, nicht mehr aus der Gravitationsfalle entweichen kann, so ist die Menschheit, von der Kraft der gegenseitigen Antagonismen in die Tiefe der Geheimnisse der Materie gezogen, in die Technologiefalle gestürzt. Und was sagt es schon aus, daß sie sie selbst gegraben hat? Daß alle Kräfte in neue Umrüstungen investiert wurden, darüber entschieden nicht mehr Regierungen, Staatsmänner, der Wille der Generalstäbe, die Interessen der Monopole oder auch anderer Interessengruppen, sondern – und das immer machtvoller – die Angst, daß auf die Erfindungen und Techniken, die die *endgültige Überlegenheit* verleihen, als erster *jemand anderer* stoßen wird. Das lähmte die traditionelle Politik restlos. Die Verhandlungspartner auf den internationalen Konferenzen konnten nichts mehr aushandeln, weil ihr guter Wille, die Neue Waffe aufzugeben, in den

Augen der anderen anzeigte, der Verzicht auf diese Waffen bedeute, daß sie wahrscheinlich schon eine andere Waffe in petto haben – eine noch neuere ... Nebenbei bemerkt, wurde die Unmöglichkeit, zu Abrüstungsabkommen zu gelangen, damals mathematisch nachgewiesen. Ich sah eine mathematische Formel der sogenannten allgemeinen Konflikttheorie, die zeigte, warum die Verhandlungen keine guten Resultate erbringen konnten. Auf Abrüstungskonferenzen fallen bestimmte Entscheidungen. Wenn die Zeit für eine dem Frieden dienende Entscheidung *länger* ist als die Entscheidungszeit für solche militärischen Innovationen, die den diesen Entscheidungen unterliegenden Stand radikal verändern, wird jede Entscheidung im Augenblick, da sie getroffen wird – zum Anachronismus.

Das ist so, als hätten die Menschen des Altertums so lange über das Verbot der Herstellung des berühmten griechischen Feuers diskutiert, bis sie in einer Zeit das Verbot beschlossen, als Berthold Schwarz schon mit seinem Schießpulver in Erscheinung getreten war. Wenn in jedem »heute« über das zu entscheiden ist, was »gestern« war, rückt die Entscheidung aus der Gegenwart in die Vergangenheit und wird damit zu einer reinen Spiegelfechterei. Das eben zwang letztlich Ende des 21. Jahrhunderts den Mächten eine Verständigung neuen Typs auf, eine Verständigung, die eine neue Ära in der Geschichte der Menschheit eröffnete. Doch diese Angelegenheit, die zur Geschichte des 22. Jahrhunderts gehört, liegt nicht mehr im Bereich unserer Betrachtungen. Wenn mir die Zeit dazu reicht, werde ich diesen Fragen eine eigene Erörterung widmen – um das nächste Kapitel der Weltgeschichte zu beschreiben, ungewöhnlich wegen der Tatsache, daß die Erde, die Epoche der Antagonismen hinter sich lassend, sich zwar aus der einen Technologiefalle befreite, doch in eine andere hineingeriet, als wäre es ihre Bestimmung, immer wieder vom Regen in die Traufe zu kommen.

*1983*

*Von Stanisław Lem*
*erschienen im Suhrkamp Verlag*

Robotermärchen. *Bibliothek Suhrkamp* Band 366. 1973
Das Hohe Schloß. Prosa. *Bibliothek Suhrkamp* Band 405. 1974
Solaris. Roman. *suhrkamp taschenbuch* Band 226. 1975
Die Jagd. Neue Geschichten des Piloten Pirx. *suhrkamp taschenbuch* Band 302. 1976
Transfer. Roman. *suhrkamp taschenbuch* Band 324. 1976
Nacht und Schimmel. Erzählungen. *suhrkamp taschenbuch* Band 356. 1976
Der futurologische Kongreß. *Bibliothek Suhrkamp* Band 477. 1975 und *suhrkamp taschenbuch* Band 534. 1979
Die Maske. Herr F. Zwei Erzählungen. *Bibliothek Suhrkamp* Band 561. 1977
Die Untersuchung. Kriminalroman. *suhrkamp taschenbuch* Band 435. 1978
Die Astronauten. *suhrkamp taschenbuch* Band 441. 1978
Sterntagebücher. *suhrkamp taschenbuch* Band 459. 1978
Golem XIV und andere Prosa. *Bibliothek Suhrkamp* Band 603. 1978
Memoiren, gefunden in der Badewanne. *suhrkamp taschenbuch* Band 508. 1979
Der Schnupfen. Kriminalroman. *suhrkamp taschenbuch* Band 570. 1979
Dialoge. *edition suhrkamp* Band 1013. 1980
Mondnacht. Hör- und Fernsehspiele. *suhrkamp taschenbuch* Band 729. 1980
Imaginäre Größe. *suhrkamp taschenbuch* Band 658. 1981
Summa technologiae. *suhrkamp taschenbuch* Band 678. 1981
Die vollkommene Leere. *suhrkamp taschenbuch* Band 707. 1981
Provokation. Besprechung eines ungelesenen Buches. *Bibliothek Suhrkamp* Band 740. 1981
Terminus und andere Geschichten des Piloten Pirx. *suhrkamp taschenbuch* Band 740. 1981
Das Hospital der Verklärung. Roman. *suhrkamp taschenbuch* Band 761. 1982
Die Ratte im Labyrinth. *suhrkamp taschenbuch* Band 806. 1982
Robotermärchen. *suhrkamp taschenbuch* Band 856. 1982
Die Stimme des Herrn. Roman. *suhrkamp taschenbuch* Band 907. 1983
Eine Minute der Menschheit. Eine Momentaufnahme. *suhrkamp taschenbuch* Band 955. 1983
Waffensysteme des 21. Jahrhunderts oder The Upside Down Evolution. *suhrkamp taschenbuch* Band 998. 1983
Das Katastrophenprinzip. Die kreative Zerstörung in der Natur. *suhrkamp taschenbuch* Band 999. 1983

Über Stanisław Lem. *suhrkamp taschenbuch* Band 586. 1981

*Von Stanisław Lem*
*erschienen im Insel Verlag*

Sterntagebücher. 1973
Die vollkommene Leere. 15 fiktive Rezensionen. 1973
Die Astronauten. 1974
Der futurologische Kongreß. Aus Ijon Tichys Erinnerungen. 1974
Memoiren, gefunden in der Badewanne. 1974
Die Untersuchung. *Kriminalroman.* 1975
Das Hospital der Verklärung. *Roman.* 1975
Der Unbesiegbare. *Roman.* 1976
Summa technologiae. 1976
Imaginäre Größe. 1976
Der Schnupfen. *Kriminalroman.* 1977
Phantastik und Futurologie I. 1977
Mondnacht. Hör- und Fernsehspiele. 1977
Eden. Roman einer außerirdischen Zivilisation. 1978
Pilot Pirx. 1978
Erzählungen. 1979
Der phantastische Lem. 1980
Phantastik und Futurologie II. 1980
Essays. 1981
Dialoge. 1981
Die Stimme des Herrn. *Roman.* 1981
Mehr phantastische Erzählungen. 1981
Kyberiade. Fabeln zum kybernetischen Zeitalter. 1983
Nacht und Schimmel. 1972 *(in dieser Ausgabe vergriffen)*
Die Jagd. 1973 *(in dieser Ausgabe vergriffen)*

## *In Anthologien*

Die Ratte im Labyrinth. 1971
Polaris 1. *insel taschenbuch* Band 30. 1973
Polaris 5. *suhrkamp taschenbuch* Band 713. 1981
Phaïcon 1. *insel taschenbuch* Band 69. 1974
Phaïcon 2. *insel taschenbuch* Band 154. 1975
Blick vom anderen Ufer. Europäische Science-fiction. *suhrkamp taschenbuch* Band 359. 1977
Pfade ins Unendliche. Insel Almanach auf das Jahr 1972
Stanisław Lem. Der dialektische Weise aus Kraków. Insel Almanach auf das Jahr 1976
Wie der Teufel den Professor holte. *suhrkamp taschenbuch* Band 629. 1979
›Quarber Merkur‹. Aufsätze zur Science-fiction und Phantastischen Literatur. *suhrkamp taschenbuch* Band 571. 1979
Phantastische Träume. *suhrkamp taschenbuch* Band 954. 1983

## Phantastische Bibliothek in den suhrkamp taschenbüchern

Eine Auswahl

Aldiss, Brian W.: Der unmögliche Stern. Science-fiction-Geschichten. Aus dem Englischen von Rudolf Hermstein. st 834

Ballard, J. G.: Das Katastrophengebiet. Science-fiction-Erzählungen. Aus dem Englischen von Alfred Scholz und Rudolf Hermstein. st 924

– Der tote Astronaut. Science-fiction-Erzählungen. Aus dem Englischen von Michael Walter. st 940

– Billennium. Science-fiction-Erzählungen. Aus dem Englischen von Alfred Scholz und Michael Walter. st 896

– Hallo Amerika! Science-fiction-Roman. Aus dem Englischen von Rudolf Hermstein. st 895

– Der ewige Tag und andere Science-fiction-Erzählungen. st 727

Becher, Martin Roda: An den Grenzen des Staunens. Aufsätze zur phantastischen Literatur. st 915

Bioy Casares, Adolfo: Morels Erfindung. Phantastischer Roman. Aus dem Spanischen von Karl August Horst. Mit einem Nachwort von Jorge Louis Borges. st 939

– Die fremde Dienerin. Phantastische Erzählungen. Aus dem Spanischen von Joachim A. Frank. st 962

Blackwood, Algernon: Besuch von Drüben. Gruselgeschichten. Deutsch von F. Polakovics. st 411

– Das leere Haus. Phantastische Geschichten. Deutsch von F. Polakovics. st 30

Blick vom anderen Ufer. Europäische Science-fiction. Hg. F. Rottensteiner. st 359

Braun, Johanna u. Günter: Conviva Ludibundus. Utopischer Roman. st 748

– Der Irrtum des Großen Zauberers. Phantastischer Roman. st 807

– Das kugeltranszendentale Vorhaben. Phantastischer Roman. st 948

Bulwer-Lytton, Edward: Das kommende Geschlecht. Roman. st 609

Dick, Philip K.: UBIK. Science-fiction-Roman. Deutsch von Renate Laux. st 440

Erckmann-Chatrian. Das Eulenohr und andere phantastische Erzählungen. Herausgegeben von Kalju Kirde. Aus dem Französischen von Hilde Linnert. st 989

Franke, Herbert W.: Transpluto. Science-fiction-Roman. st 841

– Einsteins Erben. Erzählungen. st 603

– Sirius Transit. Roman. st 535

52/1/8.84

Phantastische Bibliothek
in den suhrkamp taschenbüchern
Eine Auswahl

Franke, Herbert W.: Ypsilon minus. st 358
Hodgson, William Hope: Stimme in der Nacht. Unheimliche Seegeschichten. Deutsch von Wulf Teichmann. st 749
Lem, Stanisław: Die Astronauten. Utopischer Roman. Deutsch von R. Pabel. st 441
– Der futurologische Kongreß. Deutsch von I. Zimmermann-Göllheim. st 534
– Die Jagd. Neue Geschichten des Piloten Pirx. Deutsch von R. Buschmann, K. Kelm, B. Sparing. st 302
– Memoiren, gefunden in der Badewanne. Deutsch von W. Tiel. Mit einer Einleitung des Autors. st 508
– Nacht und Schimmel. Erzählungen. Deutsch von I. Zimmermann-Göllheim. st 356
– Die Ratte im Labyrinth. Ausgewählt von Franz Rottensteiner. Aus dem Polnischen von Roswitha Buschmann, Caesar Rymarowicz, Jens Reuter und Klaus Staemmler. st 806
– Robotermärchen. st 856
– Sterntagebücher. Deutsch von C. Rymarowicz. Mit Zeichnungen des Autors. st 459
– Die Untersuchung. Kriminalroman. Deutsch von J. Reuter und H. J. Mayer. st 453
Lexikon der phantastischen Literatur. Hrsg. Rein A. Zondergeld. st 880
Lovecraft, H. P.: Stadt ohne Namen. Deutsch von Charlotte Gräfin von Klinckowstroem. Mit einem Nachwort von Dirk Mosig. st 694
– Berge des Wahnsinns. st 220
– Cthulhu. Geistergeschichten. Deutsch von H. C. Artmann. Vorwort G. Manganelli. st 29
– Der Fall Charles Dexter Ward. Zwei Horrorgeschichten. Deutsch von R. Hermstein. st 391
Über H. P. Lovecraft. Hg. F. Rottensteiner. st 1027
Maupassant, Guy de: Die Totenhand und andere phantastische Erzählungen. Aus dem Französischen v. W. Widmer u. a. st 1040
Mercier, Louis-Sébastien: Das Jahr 2440. Ein Traum aller Träume. Deutsch von Christian Felix Weiße (1772). Herausgegeben, mit Erläuterungen und einem Nachwort versehen von Herbert Jaumann. st 676
Poe, Edgar Allan: Der Fall des Hauses Ascher. Deutsch von A. Schmidt und H. Wollschläger. st 517

52/2/8.84

## Phantastische Bibliothek in den suhrkamp taschenbüchern

Eine Auswahl

Ray, Jean: Die Gasse der Finsternis. Phantastische Erzählungen. Aus dem Französischen v. W. Thaler. st 1034

Schattschneider, Peter: Zeitstopp. Science-fiction-Geschichten. st 819

Smith, C. A.: Saat aus dem Grabe. Phantastische Geschichten. Aus dem Amerikanischen von Friedrich Polakovics. st 765

Strugatzki, Arkadi und Boris: Montag beginnt am Samstag. Aus dem Russischen von Hermann Buchner. st 780

– Picknick am Wegesrand. Aus dem Russischen von A. Möckel. st 670

– Die Schnecke am Hang. Deutsch von H. Földeak. Nachwort D. Suvin. st 434

Szilard, Leo: Die Stimme der Delphine. Utopische Science-fiction-Erzählungen. Mit einem Vorwort von Carl Friedrich von Weizsäcker. st 703

Weisser, Michael: DIGIT. Science-fiction-Roman. st 873

– SYN-CODE-7. Science-fiction-Roman. st 764

Die andere Zukunft. Phantastische Erzählungen aus der DDR. Herausgegeben von Franz Rottensteiner. st 757

Zulawski, Jerzy: Auf dem Silbermond. Science-fiction-Roman. Aus dem Polnischen von Edda Werfel. Mit einem Vorwort von Stanisław Lem. st 865

– Der Sieger. Ein klassischer Science-fiction-Roman. Aus dem Polnischen von Edda Werfel. st 916

– Die alte Erde. Science-fiction-Roman. Aus dem Polnischen von Edda Werfel. st 968

52/3/8.84

## Verzeichnis der suhrkamp taschenbücher

Eine Auswahl



2/1/6.84

Carpentier: Die verlorenen Spuren 808
– Explosion in der Kathedrale 370
Celan: Atemwende 850
Chalfen: Paul Celan 913
Cioran: Syllogismen der Bitterkeit 607
Cortázar: Album für Manuel 936
– Die geheimen Waffen 672
Das sollten Sie lesen 852
Dick: UBIK 440
Die Serapionsbrüder von Petrograd 844
Dorst: Dorothea Merz 511
Dorst/Fallada: Kleiner Mann – was nun? 127
Dort wo man Bücher verbrennt 905
Eich: Ein Lesebuch 696
– Fünfzehn Hörspiele 120
Eliot: Die Dramen 191
Ellmann: James Joyce, 2 Bde. 473
Enzensberger: Gedichte 1955-1970 4
– Der kurze Sommer der Anarchie 395
– Der Untergang der Titanic 681
– Museum der modernen Poesie, 2 Bde. 476
– Politik und Verbrechen 442
Ewen: Bertolt Brecht 141
Federspiel: Paratuga kehrt zurück 843
– Der Mann, der Glück brachte 891
– Die beste Stadt für Blinde 979
Feldenkrais: Bewußtheit durch Bewegung 429
Fleißer: Ingolstädter Stücke 403
– Abenteuer aus dem Engl. Garten 925
Franke: Einsteins Erben 603
– Transpluto 841
– Ypsilon minus 358
Freund: Drei Tage mit J. Joyce 929
Fries: Das nackte Mädchen auf der Straße 577
Frisch: Andorra 277
– Der Mensch erscheint im Holozän 734
– Herr Biedermann / Rip van Winkle 599
– Homo faber 354
– Mein Name sei Gantenbein 286
– Montauk 700
– Stiller 105
– Tagebuch 1966-1971 256
– Wilhelm Tell für die Schule 2
Fuentes: Nichts als das Leben 343
Gandhi: Mein Leben 953
García Lorca: Über Dichtung und Theater 196
Ginzburg: Mein Familienlexikon 912
Goytisolo: Spanien und die Spanier 861
Gründgens' Faust 838
Handke: Chronik der laufenden Ereignisse 3
– Das Gewicht der Welt 500
– Die Angst des Tormanns beim Elfmeter 27
– Die linkshändige Frau 560
– Die Stunde der wahren Empfindung 452
– Der kurze Brief zum langen Abschied 172
– Falsche Bewegung 258
– Die Hornissen 416
– Langsame Heimkehr. Tetralogie. st 1069-1072
– Wunschloses Unglück 146

2/2/6.84

2/3/6.84

2/4/6.84

2/5/6.84

2/6/6.84